経営&金儲け!

紫村 承生
Shimura Shoki

文芸社

目　次

まえがき　6

第一章　車イスからは世間がよく見える　9
1、破産二回、離婚三回の波乱万丈の半生　10
2、結婚四回目、四十八歳で二十四歳の妻を得る　17
3、前向き思考で積極的に生きてこそ人生　21
4、結婚一年後に半身不随、妻は命の恩人　26
5、五体満足の人たちよ！　もっと元気を出せ　29

第二章　なぜ「経営&金儲け」が今必要なのか　33
1、お金は追いかけないのが鉄則　34
2、食欲・性欲・金儲けこそ生きる原動力　38
3、プライドなんて捨ててしまえ　41
4、心の貧乏から脱出しよう　44

5、定年のない一生の仕事を持とう　48

第三章　激不況に打ち勝つために何をするか　53
1、顧客・品質・サービスがビジネスの原点　54
2、眼力を身につけよう　58
3、売上げのアップと利益の確保　63
4、考えぬき決断する勇気をもとう　66
5、柔軟な思考で変化に対応する　71

第四章　私が考えぬいた究極の経営指針十か条　75
1、意識改革を心がけ、勇気を持って立ち向かおう　76
2、アイディアと創造力を絞り出せ　81
3、タイム・イズ・マネー　86
4、従業員に対する意識　90
5、我慢と決断力、判断力　95

6、金儲けの秘策とは？　100
7、逆転の発想をもて　110
8、死に金は絶対に使うな　113
9、ポジティブシンキング（積極思考）　118
10、常に勉強し続ける姿勢（人生死ぬまで勉強）　121

第五章　健康で百歳まで生きたい──C型肝炎からの生還　125
1、C型肝炎宣告のショックに立ち向かう　126
2、薬では治せない！　ストレス解消も重要　130
3、ウィルスを消去する食材を発見！　132
4、食事療法で肝機能が強化され、血液がサラサラに　135
5、C型肝炎完治！　次は自分の足で立つ　138

まえがき

本書で、私は自分の実行・実践してきたことを、事実にもとづいてお話をしていきたいと思う。体験から構成されるノンフィクションであり、お金儲けや経営に関する提言である。

お金儲けも経営も、結局は人間としての格闘であり、その人に人間力、個性力があるかどうかで勝負は決まってくるものだと思う。その人間力はどう培われるかというと、いろいろな人生の難局にガブッと四つに組んで立ち向かうことからもたらされる。

要するに苦労することだ。苦しい時こそ人間力がつくのだ。苦しいことがあれば、自分に試練を与えてくれていると思って、何事に対しても逃げないことが必要だ。

今年五十八歳を迎える私は現在、車イスでの生活を余儀なくされている。五十歳を目前にして、積年の不摂生がたたり、脳卒中で倒れ、左半身が麻痺し、半身不随の身体となった。

それまでのがむしゃらな仕事や生活の無理から生じたものだ。幸いにも二十四歳年下の若い女房が、心身とも私を支えてくれたお陰で立ち直って、生活と仕事とも不自由なくやってこれた。

車イス生活も九年目に入った。だから本書は、車イスの生活をしながら、また車イスから自分の会社の経営の指示を行う中から、日々考えてきたことをまとめたものである。「経営&金儲け」に対する私の考え方が、現在苦労をされている少しでも多くの人たちの参考になり、経営のヒントになり、実践に役立つことがあるならば幸いである。

また本書には、私が罹ったC型肝炎に対する体験記を記している。私は奇跡的にもC型肝炎を完治させた。レコードのA面とB面ではないが、実は本書のB面にあたるC型肝炎からの生還の記録こそ、同病を患う人たちに多く読んでもらいたいと思っている。

当然のことながら、健康があっての金儲けである。大事なのは身体だ。健康が一番である。そういう意味では、経営と健康は不即不離の関係にある。不健康な身体では、健全な経営は実行できない。

不健全な経営では、金儲けなどできるはずがない。読者のみなさんも身体には十二分に注意し、自分のため、またご家族のためにお金儲けをしていただきたい。

付け加えるならば、世界（日本を含む）で一日一万人の子供が死亡している。なんと悲しいことではないか。世界には、私たちの思いもよらない不幸を背負っている人たちや子供たちがいる。そのような子供たちの悲しみに比べたら、自分の悩みなどまったく小さい。お金を儲けて少しでも余裕ができたならば、ユニセフ（国連児童基金）にたとえ千円でも一万円でも募金（寄付）をしていただきたい。私は会社の経費として年間十万円ほど募金しており、ユニセフには協力してきた。またこの本が多くの人たちに読んでいただけて収入があれば、ユニセフに協力するつもりだ。

みなさんの健康をお祈りし、本書で金儲けのきっかけを作っていただけるならばこんなうれしいことはない。

平成十四年春

紫村承生

第一章　車イスからは世間がよく見える

1、破産二回、離婚三回の波乱万丈の半生

●ポジティブに、アグレッシブに

私は現在、人口八千六百人の三重県の員弁町《いなべちょう》という所に住み、有限会社三恵産業という溶接業の会社を経営している。昭和四十年、二十三歳で溶接業の小さな工場を設立したが、破産を二回繰り返して今日に至っている。

副業として、地元で焼肉店と居酒屋のオーナーとして日々努力している今日である。二店の食品衛生管理者のライセンスを保健所より取得している。二店とも私の指導のもとに、運営をしているのは達人の女性たちである。

焼肉店は開業以来三十年間、私の実母が秘伝のタレでお客さまの人気を集めてきた。肉、ホルモンの達人である。居酒屋は開業して三年ほどだが、私の最も愛する女房の母が切り盛りをし、結構繁盛している。この義母は長崎県出身の魚料理の達人である。

二店舗で一ヵ月約千二百人ほどのリピーターに利用していただき、経営を支えてもらっている。努力を惜しまず、お客様の「ありがとう、美味しかった」の一言に満足している。料理は、真心、味へのこだわり、努力、勉強、研究が欠かせない。料理に対する愛情と素材の新鮮さに尽きると信じ、ポジティブ（積極的）にアグレッシブ（攻撃的）に営業をしている。

●ヒマな時こそ人材を育成するべき

私は、高校時代の同窓会や同級会などで「紫村《しむら》は変わっている」とよく言われたりする。また友人からも「考え方が変わっているなあ」と言われる。

友人には、東証一部上場企業の部長や課長、主任などから、さまざまな業種の人たちがいる。彼らと居酒屋で酒を飲みながら話をしていると「ヘエー」「何でや」とか言われるのである。

私の考え方は、逆転の発想にもとづいている。大体世間で常識と言われるものとは、考え方がまったく逆である。現在不況だから、人を増やしたり、人の教育にお金をかけたりはしないのが、大方の企業の経営者の考え方である。

しかし、私の考え方は「ヒマな時こそ人材を育成するべきや」ということになる。忙しい時には、人を育てる時間はない。ヒマな時は忍耐、我慢の時であり、人材育成に力を入れるべきだ。そうすると忙しくなった時には、一人前に育っている。

だから「ヒマな時に人を育てると、忙しくなった時に彼らは二倍、三倍の仕事をしてくれる」と、友人知人に話をする。そうすると、なるほどと感心し、納得してくれる。

お金についても、私は普通とは逆の発想をしている。不況の時には「そんな金はない」と、誰でもお金を何とか支出しないように財布の紐を締める。しかし、忙しい時には儲けたお金をプールし、不況の時にはそのお金を使うようにするべきなのである。これが生きたお金の使い方であって、決して死に金ではないと思う。

これまで私は、人が当たり前だと思うこととは逆の考え方をして、困難な時期を乗り越えてきた。逆転の発想は、私の経営に対する持論である。

●二十三歳で溶接業の工場を興す

私は二十三歳の時（昭和四十年十月二十日）に溶接業の工場（屋号・紫村《しむら》工業）を興してから、二回破産をしている。経済の大波にもまれながら儲かってはしぼみ、また儲かってはしぼむことを繰り返してきた。しかし大切なことは、しぼんだ時、不況の時こそ、何を考え、どう立ち向かうかである。

破産しても、私はひるむどころか敢然と次のチャレンジを行って再起してきた。七転び八起きの精神である。もちろん七転びもしないにこしたことはないが、八起きする気概をもたなければならない。

逆に儲かるのは自然の勢いであり、少しのヒントで勢いを加速することができる。バブル期に儲かった人たちは、あたかも自分の経営力で儲かったと自惚れ、自分が優れた経営者のように錯覚しがちである。

その人たちはひとたび不況が来ると、立ち向かう気概がすぐに失せ、精神的にまことに弱い。儲かっている時は、経営力などと自慢していたパワーは消し飛んでしまう。本当の経営力は、不況の時にこそ発揮されるものである。

私は破産を二回繰り返しながら、私生活では飽きずに離婚を三回経験した。離婚歴を自慢してもしょうがないので、別に自慢して言っているのではない。自慢するとしたら、三回離婚した後に、現在の最愛の女房に出会えたことであろう。周囲の反対をものともせず、二十四歳年下の女房と結婚できたことは、私の人生の大いなる歓びである。

●下級生が上級生を殴ってなぜ悪い

私は、家族に連れられて三歳の時に三重県員弁《いなべ》町に引っ越してきて、住みついた。小、中学校、高校と、地元の学校を卒業している。

員弁という土地は、文字通り私の故郷であり、原点である。私は、これまでの人生で何度となく失敗を繰り返してきたが、その度ごとにこの故郷に戻ってきて心の傷を癒し、再起を期したものである。故郷には、勇気を取り戻す不思議な力があると思う。

高校ではケンカばかりしていて、相当な悪ガキであった。上級生を十人以上は殴り倒した。学校では、後で担任の先生から聞いたところによると、五回の職員会議が行われ、無期停学ということだったが、実際には私と伊藤君の二人は二ヵ月の停学処分となった。そもそもの発端は上級生が下級生をイジメていたことだった。実は私は身長が一八〇センチ以上あり、どっちが上級生なのかわからなかったくらいなのだ。

ところが父は「下級生を殴ったのなら悪い。上級生を殴ってなぜ悪い。上級生が負けるのがおかしい」と自慢気であった。そういう考え方をする父も少し変わっている。が、今思うところこれは逆転の発想である。

父は、常識や人が通常考えることなど気にしなかった。自分ですべてを考えて自分の人生を切り拓いた人だ。私の逆転の発想は、父から受け継いだものだったのかもしれない。

●数ヵ月遅れの卒業証書

私は勉強はあまりしなかったが、それでも成績はよかったので多少の自惚れもあった。実は高校の卒業証書をもらったのは、三月ではなくみんなと相当に遅れてその年の夏であった。卒業式をすっぽかしたのである。

卒業証書は担任の先生の家に私と伊藤君と二人で取りに行った。卒業証書を渡して、先生もほっとしたようだ。「よう卒業できたのー」と喜んでくれた。

「当たり前です。勉強はできたから」と軽口をたたいたが、その言葉を聞いてようやく卒業の実感が湧いてきた。先生がくれた白ワインの味を、四十年経った今でも鮮やかに思い出すことができる。伊藤君は現在、機械工具販売会社の社長である。

昭和三十七年、大学を目指してトライするが志望校には入れず、渋々他の大学に入学した。しかしこんなところで勉強してもしょうがないと、半年ほどで退学。そのまま東京で約三年ほど今で言うフリーター生活をした。この三年間ほど遊び歩いたことはない。女友達が多く、青春を満喫したことが今の人生観をつくったと思う。

しかし、そんな生活も破綻し、昭和四十年に地元に戻ってきた。父の土木建設会社を手伝っていたが、すぐ自分で事業を興す決心をした。同年十月には父の協力もあり溶接業の小さな工場を興した。二十三歳の時で、それから私の長い経営人生が始まった。

●自分のルーツを確認して自信を得る

ところで私は、在日韓国人である。韓国の金海金（キムカイキム）王朝の六十六代目に当たる。これは現存する金海金家系図による。初代の墓地は慶州《けいしゅう》（キョンジュ）にあった。私はそこを訪れ、韓国式の儀礼をした時、熱いものがこみ上げてきて知らず知らずのうち涙を流していた。私のただ一つのプライドである。現在はユネスコ世界文化遺産に指定されている。二〇〇二年のワールドカップサッカーが行われるが、六大都市のうち慶州にはサッカー場ができていないが、それはこのためだと思う。

韓国には十六回も行って、自分のルーツを確かめてきた。ルーツを確認することは自分の生きた証しを実感することであり、生きて行くことに誇りをもつことができる。

六十五代目の私の父は腎臓が悪くて、四十八歳という若さで尿毒症で病没した。現在ほど医学が進歩していない時であり、現在だと人工透析をすれば助かっていたと思う。父のことを思い出すたびに残念に思う。父はいつも十年先のことを考えて、何事にも対応していた。そんな父を私は、最も尊敬していた。土建会社では百人ほどの従業員を抱えて、工事現場も愛知、岐阜、三重と手を広げて仕事に励んでいた。

先を先をと見る眼をもてというのが、父の教えであったと思う。私の会社の経営ぶりはおよそ父の足元にも及ばないが、父の死の年齢を越えたあたりからようやく先が見通せるようになってきた。父を思い出しては、自分を励ましている現在である。

2、結婚四回目、四十八歳で二十四歳の妻を得る

●三十歳で破産、スナック経営始める

二十三歳で興した溶接業の工場は多忙を極め、会社は順調に発展した。日本経済の成長

期で、家電や自動車などの溶接の仕事がどんどん入ってきて、本当に儲かった。ところが、そんな矢先に日本経済をオイルショックが襲い、仕事量がとたんに減少してしまい、会社は破産してしまった。三十歳の時である。

その後、私はスナックを経営して結構繁盛した。そこで、二軒目を出店したところ、雇った女性がスリ軍団のボスで、スリが店に出入りするようになった。客に被害が及ぶようになり、客数が急減してしまった。当然のごとく、売上げが減少して店を処分するはめになった。

そこでまた元の溶接業を始めたが、最初の頃のように売上げが伸びず、二回目の破産をした。したがって、現在の溶接業の会社は三度目に興した会社である。三度目の正直とはよく言ったものだ。

スナック以外にもいろいろと職業を経験したが、結局私は二十三歳で起業した溶接業が原点であり、ずっと本業であった。三回目の挑戦で、ようやく仕事も生活も落ち着きを得た。

人間はやはり自分の得意とする分野で勝負するのが一番である。

●惚れた女性には精魂込めて接する

その間、私は三回の離婚を経験した。一回目の離婚はスナックの経営をしていた時で、客足が遠のき売上げが減少していた苦闘の最中に、十一年半連れ添った妻と別れた。二回目の離婚は、溶接業の会社が二度目の破産をした時で、妻とは五年一緒にいた。三人目の妻は韓国人であった。金遣いの荒い女性で三千万円以上を私はつぎ込んだ挙句に、三年で離婚した。

離婚というのは多大なエネルギーを費やすもので、三回の離婚を繰り返して私はヘトヘトになった。しかし、もちろんそれでへこたれるような私ではない。基本的に私は根から女性が大好きな人間である。現在の女房と出会うのには、それほど時間がかからなかった。

当時私は四十七歳になっており、二十四歳年下の彼女に惚れたのだ。私は彼女を口説き落とすのに一年半かかった。その間、私は徹底的に彼女に尽くした。

年がこれだけ離れているのだから、精魂込めて接しないと相手も本気になってくれるはずがない。いったん女性に惚れたら、徹底的に惚れぬくことだ。自分の生命をかけて、実際に行動で示すことが必要だと思う。

●家庭が円満でないと金運、財運、福徳運はこない

しかし結婚となると、さすがに彼女の周囲の人たちは誰もが反対したようだ。それでも彼女は、私が心からやさしくしてくれることに歓びを感じて、結婚を承知してくれた。四十八歳で四回目の結婚となった。私は、二十四歳の新しい女房を幸せにすることで、彼女の両親らに精一杯応えなければならないと決心をしたのである。

三回離婚をした私が言うのも変かもしれないが、すべての基本は家庭にあると思う。経営者が幸せな家庭を築けなくて、会社も繁栄するわけがない。家庭もよく治められない人間が、どうして会社を治めることができようか。

振り返ってみて、家庭が平和でない時には経営は不振を極めていたし、会社に元気も精彩もない時は家庭では不和が絶えなかったような気がする。まず家を治め、家庭を円満にすることから、お金儲けをしなければならない。夫婦の仲が良くないと、金運、財運、福徳運はやってこない。これは実感であり、また真実ではなかろうか。

3、前向き思考で積極的に生きてこそ人生

●門下生十一人と経営の勉強

私には、経営や人生を指導する十一人の弟子というか門下生がいる。その内五人は独立し、私の会社と同等あるいは大きな規模で会社をもっている経営者である。

一人は、残念ながら四十三歳という若さで交通事故で死亡した。実は私の弟であり、会社をもっともっと大きくする実力がありながら、まことに残念で仕方がない。

弟子には、大学の経済学部を卒業して一部上場の有名大企業に入社して、最近独立起業した経営者もいる。彼は、私の経営に関する考え方を聞きに我が家に時折顔を見せて、経営の勉強をしている。

彼の他にも私の話を聞いて、メモを取ったり、録音したりして、真剣に経営の勉強をしている若い人たちがいる。彼らはこの先、良き会社のリーダーとして成功するであろうと、私は楽しみにしている。

●お金儲けは焦ってはならない

ある門下生が、経営の状況報告にきた。「あまりうまくいっていない」と真剣な顔つきをして報告する。彼の会社は、電子水の機器を販売している。私は、次のようにアドバイスを行った。

「お金儲けは焦ってはならない。今の時期でキミがしなければならないことは、種を蒔くことである。多くの人たちに、いろいろな場所に、たくさんの種を蒔くことが必要である。するとやがて芽が出て、花が咲き、実になって収穫ができるようになる。

それまでは、水、肥料を与える成長のプロセスが重要だ。すなわちお客様に電話をしたり、コンタクトをとったりして、成長の記録を残すようにする。収穫できるまでは、忍耐と我慢の時である」と。

私が話し終えると、彼は「わかりました」と、はっきりとした声で返答してくれた。実にさわやかである。私の門下生には、こうした好人物が多い。だから、この先が楽しみなのである。

私は、彼らにモノマネをしろと言っているのではない。最初は模倣でもよいが、徐々に自分が本来備えている独自性を出していき、創造力を発揮してもらいたいと思っている。「守《しゅ》・破《は》・離《り》」という言葉がある。最初は、一つのものを守りながら受け継いでいく。つまり学ぶ時期だ。次にそれを破っていくパワーがなくてはならない。さらに自分のオリジナルを確立して、学んだことから離れていくことが大事なのだ。これが進歩というものである。

●目的・目標を実行・実践できるのか

お金儲けは、漠然とした無目的なものではない。したがって、まず目的をきっちりともつことが必要である。その上で、次のことを自問してみよう。

・ターゲット（目標）はあるのか。
・経営している現在の仕事は将来性があるのか。
・どれだけ現在の仕事に対してこだわりをもっているか。
・仕事に対しての主義主張はあるか。
・目的・目標を実行・実践できるのか。

お金儲けとは、読んで字の如しで、「信じる者」と書く。それで「もうけ」と読むのだから、なかなか意味深い。そのくらいのことはわかっているという人がいるかもしれない。しかし、その意味することは、お金儲けはそんなに甘いものではないということである。能力と努力と真摯な気持ちが必要なのだ。

だから今の仕事を信じてベターなものを作り出そうという眼力とアビリティ（能力）はあるのかどうか。自問してほしい。自分にはないと気づけば、その人は三歩前進したと思う。

●お金を儲けて生き金を使おう

私は、お金儲け主義や拝金主義で、お金儲けのことを言っているのではない。お金を蓄えることの重要性を言っているのである。お金の蓄えのない人には、一生懸命に努力して少しでも蓄えのある人になってもらいたいのである。

お金なんか天下の回りもので、蓄えたってしょうがないなどと、時代錯誤的なことを今時言う人はいないであろう。お金は蓄えるものではなく、楽しんで使うものだと主張する人は少数だろう。幸いにも消費は美徳などという風潮も、バブルが弾けてからは薄れてきた。

これから低成長の時代が長く続くであろう世の中で、お金の蓄えがあることは人間が個人の尊厳を維持していくうえで基本となるものだ。簡単に言うと、生きていくうえで自分が得をするのだ。

人生の楽しさ、豊かさ、面白さがもたらされるし、ゆとりが生まれて心の広い人間にもなるだろうと思う。

人生いつ思わぬ不幸が訪れてくるかもしれない。病気になって明日から働けなくなったらどうするのか。収入がない中でお金の蓄えさえもなかったら、どう家族を養っていくのか。いざという時の悩みや苦しみを解決してくれるのがお金の蓄えなのだ。

時には好きなものを食べたり、気に入ったものを買うのもよいだろう。私は、消費を否定しているのではない。消費の前提になるのが蓄えである。蓄えもなくて、消費は美徳だなどと浮かれる風潮を戒めているのだ。十分に蓄えがあるならば、いざという時にドーンとお金を使うこともできる。それは死に金ではなく、生きたお金である。

そうした生きたお金を有効に使うためにも、お金儲けをしてもらいたい。生きたお金を使おうと思うと、お金儲けは励みにもなり実に楽しいものとなる。お金儲けは、人間を前向き思考にし、積極的に生きる気概を与えてくれるものだ。

4、結婚一年後に半身不随、妻は命の恩人

●女房よ、本当にありがとう

四十八歳で二十四歳の妻と四回目の結婚をし、これまで以上に前向きの人生を切り拓き、お金儲けにも励もうとした矢先に、不運が訪れた。結婚して一年後のことである。脳卒中に襲われ、半身不随となってしまったのだ。

なんということか。私は突然の事態に最初は混乱した。しかし、不運を呪っていてもしょうがないと自分に言い聞かせた。立ち直ろう、乗り越えようと決心した。私以上に驚き、ショックだったのは女房だろう。結婚して一年で、半身不随の二十四歳年上の夫に対して、介護の世話を、時にはきつく、時にはやさしくしなくてはならなくなったのだ。

生活も仕事も一変した。私は車イスの生活を余儀なくされるようになり、会社の仕事は自宅から電話で指示する生活が始まった。私はとにかく前向きで明るい生活を送るように心がけた。女房はそれに応えてくれた。

女房は、私がそれまで仕事で乗っていた四トントラックの運転を引き受けてくれた。誰も乗る人がいないのなら、乗るのは私だけだと運転を覚えたのである。若い女房ながら、なかなかの根性の持ち主なのだ。だから命の恩人であると、女房に対して心底思う。

私は自分でできることは全部自分で行うようにしている。あれせい、これせい、新聞持ってこいなどとは女房に言わない。トイレも自分でできる。しかし自分の力でどうしてもできないことが二つある。

訪問者に対する玄関先での送り迎えと、風呂に入ることだ。客人に対しての送り迎えは失礼できるとしても、風呂に入るのにどうしても自分の力だけで脚を持ち上げることができないのだ。

だからこの時だけは、女房の力に頼らざるを得ない。私は身体が人一倍大きいため、介護も大変だろうとつくづく女房に感謝している。「ありがとう」と心を込めて礼を言うのを忘れないようにしている。

●工夫さえすればお金儲けはできる

夫婦というのは、他人同士が結びついたものである。その絆は信頼でしかない。お互いに信頼し合えなければ、夫婦の絆は強まらない。「ありがとう」と言うのが当たり前なのだ。礼を言うことで、自分が支えになっていてよかったと思うであろうし、介護の励みにもなる。介護とは大変な作業であり、またかばい合うことがなければ夫婦とは言えない。

私は、車イスに乗っていようがいまいが関係なく、家庭を楽しく面白くするように考えるのが一家の主人の役割だと思っている。女房が私の世話を焼くことで、家庭が暗くなってはおしまいだ。女房には世話を焼くなと言っているし、実際に風呂以外は自分ですべて行っている。

五体満足の亭主たちの家庭よりも、よほど明るい家庭であると自信をもって言える。私は車イスに乗りながらお金儲けをしてきたし、これからももっともっとお金儲けをしていくつもりである。だったら、明るく幸せな家庭を築くことは基本なのだ。

世界の貧しい国や戦争の絶えない国の人たちを思うと、半身不随などよい方だと本当に思っている。私は車イスに乗るようになって、五体満足の時以上に考える力がつき、物事を客観的に見ることができるようになったと思っている。

車イスからは、世の中がよく見えるのだ。今の私は何の不自由もないし、元気そのものだ。私よりも、世間の人こそ元気になれと言いたい。

人々に元気がなさ過ぎる。元気になる工夫をしていないように思う。この世に生を受けている以上は、少しでも工夫して生きていくように頑張ろうではないか。それがお金儲けだと思う。頭を働かせて人よりもちょっとした工夫さえすればお金儲けはできるのだ。

そして、長生きをするような生き方をするのが人生であると私は思う。

5、五体満足の人たちよ！　もっと元気を出せ

●業績の悪い責任を他人のせいにするな

人から見るといろいろな苦しい体験をしてきても、私は決して弱音を吐かなかった。それはいろいろなことがあってこそ人間の人生だと思うからだ。だから、これまでの体験はすべて自分の肥やしにしてきた。

すべての体験や経験は、私の人間形成にプラスに作用したと思っている。特に自分が経営者であることからも、体験や経験によって人間を少しでも大きくしていくことは不可欠

である。

経営は人間が行うものであるし、会社は人間の集まりである。経営者の人間としての器によって、会社はよくもなるし、ダメにもなっていく。会社は協力者の集団であり、人間の力で決まっていくのである。そのトップに人間としての力強さや大きさが欠けていたらどうなるか。従業員はついて来ないし、会社を繁栄させていくことはできない。

よく経営の状況が悪い責任を他人のせいにする経営者がいる。景気が悪いとか、国の政治が悪いとか。政治家ならいざ知らず、そんなことを口にするなら、少しでも自分の会社をよくする前向きのことを考えろと言いたい。

どんな事態になっても、その事実を認めて慌てず焦らず対処し努力していくことで、道は自ずと拓けていくものだ。人のせいや社会のせい、政治のせいにすることで、道は少しも拓かれていかないことに気づくべきだ。

進歩前進は難しくて、退歩するのは簡単だと考えるべきである。

●どんな悩みも解決できる

自分が抱えている悩みなど、その時は大問題だと深刻に見えても、翌日になると大した問題ではないと思えることが多いものだ。大政治家が国の大問題を解決するのであったなら、いろいろな知恵者の頭脳を集めて解決に当たらなければならない。

しかし、ごく普通の一人の人間であるわれわれが、自分の抱える問題を自分で解決できないはずはないのだ。もちろん誰かに相談するのはよいが、相談しても誰も解決はしてくれない。ヒントにはなるかもしれないが、解決するのは自分以外にない。

要は勇気と決断なのだ。実は、何が問題だか問題点が見えていないことが多いのだ。何が悩みだというのだろう。一つひとつ紙に書いてみようではないか。

頭の中でモヤモヤと思い悩むから、大問題のように見えるのだ。紙に抜き出してみると「なあんだ」と解決策が発見できるものだ。人間は、意外とつまらないことでクヨクヨすることが多い。

ましてや平気で「死にたい」などと口に出すものではない。そんなことを聞くと、私など「五体満足な身体をして何が死にたいだ。こっちが死にたいくらいだ」と悪態をつきたい思いでイライラする。もっと前向きになろうではないか。もっと元気を出そうではないか。もともと元気な身体なのだから、明るく生きて行けることはいくらでもあるはずだ。

元気がない人が、何を歎いているのかよくわからないことがある。何が不満なのだろうか。ほがらかに「やるぞ」と勇気を出してほしい。楽しい人生が待っているではないか。

明日はないような深刻な顔をしていても、朝のこない夜はないのだ。

第二章　なぜ「経営&金儲け」が今必要なのか

1、お金は追いかけないのが鉄則

●追いかければ追いかけるほど逃げていく

世の中が不況になると、人々の精神までが不況となり、すべてにネガティブになる傾向になる。何事にも「できない」という対応をしがちで、何の手も打たないで済ませようとする。挑戦意欲がなくなれば、ますます経営は苦境を呈してくるのは当然だ。

もっと元気を取り戻して、できるところからやっていこうではないか。お金儲けもできないのではなく、工夫すればできるのである。不況を当たり前と考えて、「できる」と言い聞かせると、思わぬ道が見出せると思う。

しかしお金を儲けたいからといって、何の工夫もせずお金お金と追いかけるような振舞いをしていないだろうか。金運というものは、追いかければ追いかけるほど逃げていくものだということを知ってほしい。

一生懸命に仕事をして、工夫し努力をした者についてくるものがお金で、お金を追いかけてはならない。経営においては、まさにお金を追いかけないのが根本であると思う。

お金を追いかけないで、どうしたらお金儲けができるかを実行実践しようではないか。私の会社は規模は小さいが、私は経営者として今もって負ける気はさらさらないし、負ける気がしないのだ。もちろん儲かっている。いや、儲かっているのではない。努力して考えて儲けているのである。

●儲かるのではなく儲けるのだ

私は溶接業のかたわら、副業で焼肉店と居酒屋を経営しているが、焼肉店は三十年の歴史をもっている。屋号は「味楽」という。味を楽しむと書いて、みらくと読む。みらくといえば、町内（三重県員弁地区）で知らない人はもちろんいないし、町外から来るお客様も大勢いる。

この地域はゴルフ場が多くあり、ゴルフ帰りの県外者もたくさんノレンをくぐっていただいている。一ヵ月三百五十人から四百人を数えるリピーターのみなさんによって、お店の営業が支えられている。

実は、店を守っているのは私の母であり、母が一人で切り盛りをしている。自分でいろいろと知恵を出しながら営業している母は、七十七歳（喜寿）である。お客様が喜んでくれて美味しいと言われるのが一番うれしいと、私にいつも話をしている。

お客様のためには疲れていても、休むことはできないと頑張っているのが母だ。キムチ、ビビンバの仕込みも自分で行い、十六種類の秘伝のタレをブレンドする。私は食品衛生管理者としてアドバイスしているが、焼肉の達人である母を誇りに思っている。三十年間何の問題もなく、年一回の保健所の検査官も驚く程に店内は清潔である。

商売の原則である薄利多売をモットーにし、ネタは新鮮であることが自慢である。加工所からお店に届くまで四時間しかかからないので古いわけがない。明るく清潔なお店、美味しい味で、ヒマであるはずがない。

だから儲かっている。いや儲かっているのではない。手間ヒマを惜しまず、精一杯の愛情をもって商品を提供することにより、努力して儲けているのである。

●お客様へのサービスに徹しよう

私が経営するもう一軒のお店が、和風居酒屋「さゆり」である。開業は平成十一年六月。

私の女房と女房の父母三人で営業している。屋号は、女房の父が石川さゆりのファンで、孫の名前もさゆりで、しかも字画数もよいので奨めた。

わずか三年弱の営業で、「さゆり」といえば知らない人はいないくらいである。一ヵ月七百五十人から八百人のリピーターのみなさんに支えられて、現在に至っている。この店も焼肉店と同様に、薄利多売の原則に加え、ネタの新鮮さと美味しさを誇り、明るい店内で、雰囲気は最高である。価格は安く、お客同士が友達といった具合である。

だからヒマなはずがない。自信をもってお客様に喜んでいただいていると言える。女房の母は、魚料理の達人と言っても過言ではない。私は経営者として、アイディアと創造力を駆使して、アドバイスをするだけである。

二つのお店に共通するのは、元気さを忘れないこと、お客様へのサービスに徹していること、自分たちの務めを自覚していること、お金を追いかけないことである。一生懸命に工夫をし努力をした者に対して、お金はついてくるものであることを実証していると思っている。経営の根本、お金儲けの原則を忘れないことが大切である。

2、食欲・性欲・金儲けこそ生きる原動力

●備えがあれば心の余裕は計り知れない

あなたはこれまでどのくらいお金儲けをしてきたのか。またこれからどのくらいお金儲けをしたいのか。言い換えると、いくらお金を蓄えているのか。またいくら蓄えたいのか。これらは個人に対する質問であるが、会社の場合でも同様である。

個人でも会社でも、信用力や客観的な評価は、どのくらい蓄えがあるのか、どのくらいお金を儲けたのかで判断される。たとえばトヨタ自動車は、無借金で資産数兆円であり、優良会社と評価されている。

一方で○○自動車が数兆円の借金があるとすれば評価は低くなる。ひとことで言うならば、トヨタはお金儲けができる会社として、社会から高い信用を得ている。事実、日本一お金儲けが上手な会社である。

トヨタはお金の蓄えが十分にあるので、経営に余裕があり、事業拡大や設備投資など積極的な対応はいかようにも可能である。逆にもし何らかの企業リスクに見舞われても、びくともしない財務体質を築いている。尊敬されて当然である。

個人でも同じである。お金の蓄えがあると備えあれば憂いなしで、心の余裕は計り知れない。突発的な事態が発生しても、少々のことでは驚かないで済む。私は脳卒中で倒れて半身不随になった時、不安にかられなかったかというと嘘になる。しかし、それまでにお金を儲けて蓄えがあったので、生活や会社経営において経済的な支障をきたすことはなかった。

再起に向けて治療に専念できたのも、経済的な不安がなかったからである。お金の蓄えが心の強力な支えになった。もし蓄えがなかったら余計な精神的な苦しみに陥って、治療はかんばしくない方向をたどったのかもしれないのだ。

●食欲も性欲もなければお金儲けの意欲が湧かない

お金儲けは、自分の人生を積極的にしてくれる。いろいろと好きなことをする夢を思い描けるのも、お金の蓄えがあるからである。お金の蓄えがないと、すべてが消極的になり、人生に対してネガティブな見方をしかねない。やはりお金を儲けるのと、そうではないのとでは人生観が根本的に異なってくるのではないだろうか。

お金儲けをしたい読者のみなさんに質問をしてみよう。食欲と性欲はありますか。食欲も性欲もない人間は、廃人も同様である。したがってお金儲けは難しい。なぜ食欲と性欲がお金儲けに通じるか、考えて解答を出していただきたい。この問題が解ければ、経営者として五十パーセントの合格点を得られると思う。

考えてもみていただきたいが、食欲も性欲もない人はまずお金儲けをする意欲が湧いてこない。自分のことで恐縮だが、私は美人が好きだ。私の好みは、藤あや子、吉永小百合、十朱幸代である。すこぶる美人だと思う。抱いて寝てみたいと性欲が湧いてくる。

しかし、自分でそう思ってもお金がなくて何ができようか。食事をしたり、お茶を飲んだり、ホテルに行くのにもお金がかかる。自分の好きなことができなくて何の人生か。お金の蓄えがあることで、自分の小さな夢もかなえられる。かなえられる可能性があるのと、まったくないのとでは人生に決定的な差が生じてしまう。

一度の人生で、あなたならどっちを選ぶであろうか。お金儲けは、最も人間らしい選択なのである。そうは思わないであろうか。

3、プライドなんて捨ててしまえ

●過去を引きずらないようにしよう

お金を儲けたいと思ったら、プライドを捨てることが大切だ。お金儲けは生半可なことでは達成できないから、プライドを捨ててこそお金儲けに打ち込めるのだ。プライドを捨てると、過去を引きずらないで済む。余計な過去のことなどを気にかけていると、プライドが邪魔してお金儲けはできない。

プライドを捨てると、アイディアと創造力が湧いてくるから不思議だ。プライドの高い人、強過ぎる人からは、いいアイディアは生まれない。アイディアは、何のとらわれもないところから生まれるものだからだ。

プライドが高いと運が向いてこないし、チャンスを逃しやすい。プライドが高いと人づき合いも悪くなり、多くの人との出会いによる好運を遠のける。プライドの高い人は、概して消極的で人づき合いが悪いと思う。

もちろん人とのつき合いは、人を選ぶことが必要だが、プライドばかり高いと人は逃げていってしまう。プライドを捨てて、いろいろな業界、業種の人たちとつき合い、知識を吸収したりすることは大切なことである。何かと教えられることも多く、それだけビジネスチャンスにも恵まれるものだ。

●柔軟な考え方の敵がプライド

プライドが高いというと、その人の自信のようにも見えるが、逆である。自分に自信がないからプライドが高いように振る舞っているだけなのだ。

自信があると、人間は腰が低くなり、どのような人をも受け入れ、どのような事態にも対処できる。プライドなど余計なとらわれを自分から排除しているのが、本当に自信がある人なのだ。

プライドが強いと、見栄を張り、人の目を気にしていると変化の激しい世の中の流れをキャッチすることがまずできない。そこからして、お金儲けのチャンスを逃がしている。時代の流れについていけず、変化にスピーディに対応できない。世の中からはじき出されていくばかりだ。

ちょっとばかり成功すると、自惚れが強い人間はすぐ成功の上にアグラをかくようになる。そんなことは成功でも何でもないのに、成功と思うところが未熟な証拠だ。アグラをかいた瞬間から、もう脱落と後退（退歩）が始まっているのである。

なぜならアグラをかくとプライドが生まれ、世の中の流れの変化を見逃すようになるからだ。奢《おご》りは道を誤らせる。世の中の変化に取り残されてしまわないようにしようと思ったら、まずプライドを捨てることだ。

プライドなど金儲けには何の役にも立たない。柔軟な考え方の敵がプライドだ。プライドは石頭の象徴だと思え。プライドの反対は謙虚さだ。謙虚になると、いろいろなことが吸収できる。謙虚さがお金を生み、プライドがお金を排除する。

お金儲けをしようと思ったら、プライドは捨てることだ。もっと謙虚になってお金儲けをしようではないか。

4、心の貧乏から脱出しよう

●都会暮らしのどこがよいのか

大都会に住んで高額なマンション住まいをしている人たちの存在が、私には不思議でならない。一見すると安定した生活をしているようではあるが、それを支えているのはローン地獄である。大会社でもいつ倒産するかわからない今日、ローンで支えられている生活はいつ何時崩壊するかわからない。

そのような実際には不安定なマンション生活のどこがよいのであろうか。隣りは誰が住んでいるのかわからない生活では、人情のある人間同士の暮らしとは言えないであろう。人情など期待してもムダというところからも、私は都会生活に絶望を禁じ得ない。

私は、若い時に東京の高田馬場に三年半暮らした。便利なようでいて、不便な面が多くあった。雨が降らないと給水制限になる場面に、三年半の間に二回も経験した。青春は人一倍満喫したが、水はなくなる、空気は異様な臭いを発する中で、身体はボロボロになって、故郷に逃げ帰った。

都会で暮らす人には、田舎の人に比べて、ボケや痴呆症が圧倒的に多いという。うなずける。人と人との真からの交流がないからだ。私は、東京には二度と住むつもりはない。当然だろう。長生きしたいからだ。

●春夏秋冬を田舎で楽しもう

私が今住んでいる土地は、緑も多く、自然が残っている田舎である。竹林や松林もある。我が家の百メートル先には、女子プロが毎年大会を行っているゴルフ場がある。家から車で十五分くらいで九ヵ所のゴルフ場に行けるのだ。

空気はうまく、水の心配はない。西には藤原岳という山が見え、その下を員弁川が流れている。きれいな水で飲んでも心配はいらない。田舎といえども、すばらしい所だと思っている。田舎にいると、日本は四季のあるすばらしい国であることを実感できる。

春は、山菜を採り、天ぷらにして食べたり、生で食せるものは食す。おいしい酒を飲みながら、山菜料理と洒落《しゃれ》込《こ》む。空気は新鮮で、身体いっぱい吸って悪いはずがない。夏もまた楽しい季節である。山から流れ出る川の水が清く、魚もたくさん泳いでいる。

子供と一緒に魚釣りをするのもよし、アウトドアで家族全員でキャンプをするのもよし。夕食は安全な場所をセレクトし、川のせせらぎを聞きながらバーベキューに舌鼓を打つもよし。実に優雅で楽しい。心身ともに洗われて、フレッシュな気持ちになれる。

秋は山歩きをしようではないか。野原には薬草が豊富にある。山菜やキノコには、食してはならない毒を持ったものもある。下手に食べたら死を招く。だから、山菜やキノコに関する図鑑や本を読んで、何が危険かについて勉強して覚えなければならない。山菜やキノコの種類の名前を知り、身体にいいか悪いかをよく理解する必要がある。

●田舎暮らしで早死にするわけがない

こうした勉強をすることは、私にとって実に楽しい時間だ。充実した毎日を送ることができ、満足このうえない。四季の変化に対応して、山菜採りの計画を立てることもできる。次はこれ、その後はあれと夢が膨らんでいく。

田舎暮らしは、都会生活の半分の収入で可能である。野菜は自分で作れるし、何よりも収穫するまでの成長のプロセスを享受できることが楽しい。収穫したトマトやナス、キュウリなどを調理して食する時、ほのぼのとした豊かさを感じることができる。小さいけれども本当の充実感を実感できるのが田舎暮らしである。

人間は、オギャーと生まれた時点で、死に向かって走っている。これは、人間の宿命である。ならば生まれて死するまでの運命と上手につき合おうではないか。運命を積極的に利用し、頭を使って活用して生きよう。

気力、活力、根性があれば、人生は実に楽しく、豊かな心で面白く生きることができる。私は、そう今まで自分を信じて生きてきた。しかし、まだまだ頑張って生きていきたい。田舎暮らしは、実に楽しい。私は、元気そのものだ。早死にするわけがない。

充実した毎日を過ごそうではないか。何の不自由もないと錯覚している都会暮らしの人よ、心の貧しさから早く脱出するよう、決断することを私は望んでいる。都会が本当の生きる知恵を授けてくれるだろうか。野山を駆け巡ろう。偉大な自然こそが、本当の生きる道を教えてくれると思う。

5、定年のない一生の仕事を持とう

●本当の自分の人生を考えよう

私は、今の日本の大会社の存在や、会社で働いている人たちに少なからず疑問を持っている。世間から一流と言われる大学を卒業して、世間から一流と言われる企業に入社して月給をもらって長い年月を過ごしてきた人。こうした多くの人たちは、世間の相場や評判ばかり気にして、自分の軸となる主体性がないのが大きな傾向だ。

月給を当てにして、周囲からの評価を当てにし、上司から言われた仕事だけをそつなくこなす人たち。こういう人たちは、完全な思考停止をきたしており、毎日ムダな時間を過ごしているのではないだろうか。

会社の中で出世をしていくのであろうが、人間として進歩しているとはとても思えない。自分の本当の人生を考えると、人間として後退しているだけのことではないだろうか。など言ったら言い過ぎであろうか。

こういう人たちは、いずれ定年が来ると自分の仕事を失い、人生に目標を見失い、生きる喜びがなくなり、生きているのか死んでいるのかわからなくなるのがオチである。定年まで会社にいられるのは幸せな方で、リストラに遭ったりしたらどうするのか。

リストラに遭って失業者の群に舞い込み、転職も思うままにならず、独立しようにもお金儲けの術も知らないから途方に暮れるのは目に見えている。何のアイディアもなく、創造する力もないのでは、ストレスが溜まっていく一方だ。

やがてはネガティブになり、生きる希望を失い、身体に変調を起こして早死にするしかない。本人はよいとしても、残された家族はどうするのか。とにかく、自分でおかしいと早く気づくべきだ。

●独立できる仕事を早く探すべきだ

大不況の中で会社は次々と倒産し、中高年を中心として大変な数の失業者が街に溢れている。今失業率は五パーセントを越しており、失業者は三百五十万人とも四百万人とも言われている。自分がそうならないためにも、早く会社を辞めて起業して、新しい人生を切り拓くことを奨める。

会社の中で働きながら生きがいがなく、どうしてよいのかわからないで悩んでいる人がいるとは、私は不思議でならない。今まで何を考えて生きてきたのであろうか。

人間はとかく安易な道を選びたがる。しかし、現在の世の中はそこに落とし穴がある。安易どころではない道が待っている。困難だと思う道にこそ本当の幸せにつながる可能性が待っているのだ。

早く自覚してほしい。主体性のない人生なんてつまらないではないか。

リストラのない、定年のない暮らしに早くたどりついてほしい。小さくてもよいから経営者になれと奨めたい。自分のアビリティに応じた独立できる仕事を早く探すべきだ。実践あるのみである。

決断して脱皮せよ。無理と思う人は、人生をあきらめて会社人間で終わり、早死にするのを待つのがよい。早死にするのが嫌であれば、分野を問わず自分なりの自信を持って生きていけるための道を探そう。進む道を探り当てたら、決断力と勇気を持ってまっしぐらに進んでいくだけだ。お金の恐さや大切さが次第にわかってきて、お金儲けの醍醐味が徐々に身に付いてくるはずだ。

お金儲けは、自分の身を守り、人生を豊かに切り拓いてくれる手段なのだ。定年のない一生の仕事を持って、お金儲けに励もうではないか。

一人で出来なければ友人と相談することで、二人あるいは三人と輪を広げて話し合い、より良い仕事を探して、ニーズにあったことを目指す。そして努力し研究して一生懸命やれば、お金儲けの楽しさ、面白さが分かろうというものである。

第三章　激不況に打ち勝つために何をするか

1、顧客・品質・サービスがビジネスの原点

●コマーシャルの間に番組やドラマがある

私は、車イス生活をしているため、テレビを見る時間が他の人よりも多い。オフィスと自宅を兼ねているので、経営の指示をしながら、テレビも見たりしている。自由に外に出ることができないが、テレビを通じて世の中のことがよくわかるのである。

いつも思うことは、民放テレビはコマーシャルが多過ぎることだ。かわいい女性を出せば、視聴者はうれしくなるくらいに思っているのだろうか。多過ぎて困ることは、イライラしてだんだん腹が立ってくることだ。腹を立てている人は少なくないと思う。腹が立ってくると、身体に一番悪いストレスが溜まってくるのだからタチが悪い。

経営のためのコマーシャルをたくさん入れるのは仕方ないとして、テレビ局は結果的に視聴者にストレスを与えていることをよく覚えておくとよい。テレビ局に文句を言っても

しょうがないので、視聴者はストレスが溜まらないように自分で防備したらどうか。

その方法として、ちょっと意識を変えてみることをお奨めする。つまり、コマーシャルの間に番組やドラマがあると思えばよい。私はこのように意識改革して、テレビを見るようにしたら腹も立たなくなり、ストレスが溜まらなくなった。逆転の発想が役に立つのである。

●時間とカネのムダ遣いを繰り返す経営者たち

それにしてもコマーシャルは、莫大な制作費を使いながらムダなことをしているものだ。会社のトップまでがコマーシャルに出演し、ゴタクを並べているのにはあきれた。コマーシャルの本質を知らない経営者ではないだろうか。

メークに時間をかけ、撮影にまた時間をかけて、どういうつもりなのだろうか。その経営者は時間の大切さを無視しているのだ。それで自社が販売する商品に対して、アカウンタビリティ（責任）を主張したりしている。

そんな時間があれば、商品そのものをよくする工夫を考えるべきであろう。商品をよくする時間をコマーシャルに費やすような会社は、遅かれ早かれいずれ倒産の憂き目に遭うに決まっている。

こういう経営者の会社は、会議会議と、ムダな時間を費やして、ろくな結論も得ないで済ましていることが多いものだ。何の目的もテーマもない会議など無意味である。ムダな時間を費やしながら時間がきたら、結論を先に延ばすような経営をしていたら、赤字になったり倒産しても当たり前である。

大体、会議で結論など出るはずもない。かりに結論が出ても、多数決で決めた会議の結論などろくなものではない。経営の意思決定は、経営者が自分で下すものだ。経営の原点を知らないのではないか。

●経営の三つの原則とは何か

倒産したくなければ経営の原点に戻ってほしい。そのための三つの原則を主張したい。
一、クライアント（お客様）を大事にする。
二、クオリティ（品質）を大事にする。
三、サービス（奉仕、後のケア）を大事にする。
この三つの原則は、経営の原則である。コマーシャルにも当てはまる。三つの原則を頭に入れて、もっと知恵を出してハイグレードなコマーシャルがほしい。それができなければ、経営者は今すぐアビリティ（能力）のある別の人物と交代することをお奨めする。

それにしても、よいコマーシャルが少ない。もっと日本の四季を背景にした季節感のあるコマーシャルが流せないものか。日本には、四季があることをまったくわかっていない。超有名人を使ってコマーシャルを流している企業は、なぜクライアントに消費税を払わせ、有名人の出演料まで払わせているのだろうか。

数千万円をかけたコマーシャルの制作費を払うのは、結局はクライアントなのだ。クライアントをバカにするなと言いたい。有名人ではなく、普通の一般人を起用すれば、数百万円で済む。その差額だけでも、数十人のリストラを食い止めることができるし、高品質な商品の研究もできるだろう。付加価値の高い商品を作る工夫もできるのである。

●経営について真摯に学ぼう

コマーシャルもそうだが、大企業が何百、何千億円と大切な金を使い、広大な土地に社屋を造ってきたのもおかしな話だ。挙句に、不況になって身売りしたりしている。赤字になることをしてきて、すべて不況のせいにして赤字から逃れようとしている。

クライアント、品質、サービスの本質を無視したビジネスの結果が、現在の企業における経営の悪化をもたらしていることを肝に銘じるべきであろう。クライアントはバカではないし、経営者よりもはるかに賢い。大企業は、これまで経営の根本的なことがわかっていなかったのではないかと思う。

むしろ大企業からインディペンデンス（独立、自立）した人たちの方が、経営について真摯に学んでいる。現在、私のところに経営の勉強にきている人たちは、実に真面目に経営に取り組んでいる。私は、彼らに惜しみなく私がもっているアイディアやノウハウを提供したいと思っている。

2、眼力を身につけよう

●他社よりも一歩でも半歩でも先取りを

土木建設業を営んでいた私の父は、私が最も尊敬できる人であった。会社の業績のピーク時には、従業員を百人以上も使って頑張っていた。父は四十八歳という若さで病没したが、いつも十年先のことを考えて物事に当たれと言うのが口癖であった。父より長生きしている私には今、そんな父の先見性が身に染みてわかる。

日々の経営を行っていると、先のことを考えるのが怠りがちとなる。考えても眼力がないと、なかなか先を見抜けるものではない。その先というのも、明日、十日先、一ヵ月先ではない。五年、十年で物事を考えることが必要である。ロングスパンで計画を立て、実行実践しなければならない。

時代の変化に適応するだけでは、会社は生き残れない。適応するだけの会社なら数多くあるし、何ら他の会社と変わりない。少しでも自社を差別化させたいのならば、時代を先取りしていくしかない。

他社よりも一歩でも、半歩でも先取りできなければ生き残れない経営環境にあることを自覚する必要がある。先取りするのに求められるのが眼力である。

眼力には、人を見抜くという意味の眼力もある。お客様を始めとして相手が何を考えているのかを見抜く力が求められる。従業員に対しても、仕事ができる人間かそうではないか一瞬にして見抜かなければならない。

眼力は仕事の努力を惜しまず、時間をかけて最善を尽くすことでしか得られない。一方で、本をたくさん読み、多方面からの知識や情報を人よりも早く知ることが必要だ。

私は、バブル期には人の三倍は仕事をした。朝六時から働いて、夜の十一時や十二時に仕事が終わるのも珍しくなかった。その結果お金を儲けることもできたが、いろいろと体験したお陰で人や物事を見抜く眼力に対する自信ができたことが大きな成果である。

●針の進む方向へと糸はついていく

私の祖国である韓国には、「針行糸従《しんこうしじゅう》」という諺《ことわざ》がある。どういう意味であろうか。文字通り解釈すると、針の進む方向へと糸はついていくということである。この言葉には、隠れた意味があるので少し説明しよう。

経営者や事業主、上司が右、左と示す方向が、正しければそれでよい。しかし、間違った方向を示すと、従業員やその家族までがすべて間違った方向へと進んでいってしまう。トップが指示する間違った考え方を、みんながおかしいと思っていても、ついていってしまうとどうなるか。最後は、倒産という最悪のシナリオとなってしまう。

東証一部の大企業の大型倒産は、みな針行糸従なのだ。バブル時は濡れ手に粟で儲かった会社が、手を出さなくてもよい分野にまで莫大な金をつぎ込んだ挙句、資金の回収ができなくて倒産という事態が引き起こされている。従業員は職を失い、失業者となって途方に暮れ、自殺を考えなければならないはめに陥ったのも針行糸従によるものだ。

経営者による右か左かの判断の違いで、会社の命運は決まってしまう。働く人たちの運命を左右する判断を、経営者は行わなければならない。悩むのも当然だ。しかし、悩んだ末の決断が正しくない場合もある。悩むのと考えるのとは違う。悩むのは後ろ向きの思考方法であり、その結論は間違った方向に向かいやすい。

重要な判断が、一瞬の決断によって行われ、正しい選択であったということもあるだろう。こうした決断力がもたらされるのは、経営者の眼力以外の何物でもない。一種のカンであろうか。このカンがよく当たる経営者は、名経営者ということになる。カンは日頃から磨かれている必要がある。

●経営者なら言い逃れはするな

スポーツ選手は、カンが優れている。スポーツは、選手同士のカンとカンの戦いである。

一瞬でもカンが速い方に勝利が訪れる。スポーツと経営を比較するのもおかしいが、経営上でも似たようなカン勝負はあるのではないか。いずれにしても一瞬のうちに下される決断には、磨かれた経験とカンや眼力が欠かせない。

それにしても、バブルが弾けて景気が悪くなったから仕方がない事態だと、倒産の言い逃れをしている経営者が情けない。

景気が悪いのは日本政府が悪いと言うが、景気の動向を読めなかったのは自分たちの勉強不足ではないか。

日本経済の流れ、世界的な経済の状況を把握できなかったのだから、経営者としての自分たちの責任である。日本政府にも多少の責任はあろうが、政治家が悪いのではなく、先を見抜く眼力がない経営者の無能さがそもそもの原因である。眼力がなくては倒産して当たり前である。

無能さを今ごろ気がついても遅いが、まだまだお金儲けのチャンスは無限に広がっている。

経営者ならもっと眼力をつけなければ、お金儲けはできない。

3、売上げのアップと利益の確保

●信用をつけよう

会社の売上げが上がるということは、その会社の信用が上がっていっている結果ではないかと思う。会社の信用と売上げとは比例して上がったり、下がったりするのではないか。売上げが下がっていったら、自分の会社の信用が下がっていると自覚することだ。

信用と言っても、絶対的な信用と相対的な信用がある。絶対的な信用は、たとえば納期を守ることなどが当たる。時間を守らない、約束を守らない会社あるいは個人は、絶対的に信用が得られない。このような会社や個人は、経営環境の変化とは関係なく売上げは上がることはないし、お金儲けをすることはできない。

問題は相対的な信用であろう。相対的な信用とは、たとえばいくら自社の製品やサービスの良さを誇っていても、ライバル会社の方が自社のものよりも品質が高いとお客様から判断されるならば、自社の信用は下がらざるを得ない。要するに比較されることで信用は上がったり下がったりする。

したがって、製品やサービスは常にブラッシュアップすることを怠らないようにしないと、売上げを上げることはできない。競争が激しくなればなるほど、製品やサービスは陳腐化し、いつの間にか信用が低下している事態が起こり得るのだ。

競争激化の中で相対的な信用どころか、絶対的な信用までも低下していくことのないように注意しなければならない。お客様から信用の厚かった会社が、急に約束を守らなくなったり、納期に遅れるようなことが起こるようになると危険信号だ。

売上げの低下により、会社のモラルが低下していることが疑われる。信用はちょっとしたことから崩れていく。いったん崩れた信用を回復することは相当な困難をともなう。

利益を上げることが大切だと言っても売上げ至上主義になる必要はないが、一定の売上げを確保していくことは必要なことだ。売上げは、やはり会社の成長のバロメーターである。それには、品質とサービスを徹底させ、競合他社に常に負けないように心がけなければならない。

●利益を上げよう

売上げに配慮しながら、最も重要なことは利益を確保することである。売上げを上げても利益が出なければ、お金儲けはできない。いかに利益を上げられるかで、会社の儲けは決まってしまう。同じ売上げでも、A社は十の利益を上げ、B社は五の利益しか上げられなければ、A社の方が儲かったことになる。

A社はどうして儲けたのであろうか。当然ながら、B社よりも出るお金が少なかったからである。出るお金を少なくする工夫をしたからであろう。B社はその工夫がA社よりも少なかったということになる。

それならば、A社はB社よりもケチなのであろうか。間違えないでほしいのは、ケチと節約は違うことだ。ケチとは、出すべきお金さえも出さないことを言う。たとえば世間相場よりも安い給料しか従業員に払わないというのではケチな会社ということになる。しかし、そこまでして利益を上げようとする経営者は経営の常識から外《はず》れているのではないだろうか。

ケチでお金儲けをしても、その経営者は尊敬されない。というよりも、ケチで本当のお金儲けはできない。

ケチな会社ほど業績が悪いこともあるのだ。だから知恵を結集して節約することで、お金を儲けるべきである。

実はお金儲けの極意は、最初にお金をよく出すことなのだ。お金をよく出すからお金が多くなって入ってくるのだ。出したお金よりも入るお金が多くなるようにすることが、結果的には出るお金を少なくすることにつながるのである。

お金儲けをしようとするならば、まずよく出すようにする。そのためには、一生懸命研究することが必要なのだ。だからお金儲けは楽しいのである。

4、考えぬき決断する勇気をもとう

●相手の立場に立って尽くす

江戸時代の諺に「人心動信《じんしんどうしん》」というのがある。人の心を開かせ、その心を動かすのは、相手の身になり、その相手をよく知り、相手を信用することだという意味である。すばらしい言葉ではないか。

人を動かし信頼を得るには、相手の立場に立つことが必要だ。相手が信頼するに足る人間だと思うならば、その人のためになることをできる限りしてあげよう。自分のことはまず横に置いて、その人に尽くすのだ。それは必ず自分にも返ってくる。その人から直接返ってこなくても回り回って返ってくるのだ。

人間は自分の力だけで生かされているのではない。自分では見えなくても、多くの人の力を借りているのだ。そう悟るならば、人にはやさしく接することだ。人に親切をたくさん施そうではないか。

小さな親切でよいのだ。小さな親切が、相手にとってどんなに大きなものか計り知れないこともあるのだ。人から「ありがとう」と言われることをしよう。その積み重ねが自分の徳となっていく。

徳というと大きなもののように思いがちであるが、貯金のようなものだ。少しずつ貯めていくものだ。一万円がいつか百万円になるようになる。その百万円は一度に貯金したよりも、もっともっと貴重なものだ。何か困った時には、いつか助けになってくれるであろう。

だから人にはできる範囲で尽くすようにしよう。反対に、人のちょっとした行為に対しては、「ありがとう」と言うことだ。「ありがとう」と言われてうれしくない人間はいない。私は女房にも、「ありがとう」と言うことを実行している。

●一つ多く良い行いをすれば一歩前進

私は、人心動信という言葉が古書に記されているのを発見して知った。お金儲けにつながる言葉だと思う。図書館に行っていろいろと調べてみるのも、お金儲けの対策になる。決してムダな時間になるどころか、調べて身につけたことは一生忘れることはない。怠けること、努力を怠ることは、金運、福徳運を遠ざけてしまうもとである。

もう一つ諺について考えてみたい。今度は中国の諺である。「三寒四温《さんかんしおん》」という言葉があるが、どのような意味が隠されているのであろうか。読んで字の如しで、三日間寒ければ四日ほど暖かい日が続くということだと『広辞苑』には記されている。中国などで冬季の気候によく見られる現象のようだ。

私の知る呉清源先生という囲碁の神様と言われている人が、三寒四温を応用した考え方を私に話してくれた。それによると、三つ悪しきことがあっても四ついい行いをしろという意味だということだ。つまり悪いことがあっても、一つ多くいい行いをすれば一歩前進することになる。

私は、なるほどと思った。三寒四温は冬季に交互に繰り返されるが、人生は三寒四温の連続ではないだろうか。辛いことが三つあっても、うれしいことが四つあれば成功したことになる。大事なことはいろいろなことがあっても、それに負けないで積極思考で一歩でも前進することなのだ。半歩でも一歩でも先んじれば、辛いことなど吹っ飛んでしまうであろう。

●前例にこだわっていては変革はできない

現在は変革の時代であり、価値観が定まらない乱世である。すべての価値観が疑われなければならない。常識と言われるものを疑い、自分で物事をしっかりと考える力を身につけなければならない。旧来の考え方では通用しなくなり、人のものまねをしているようではダメなのだ。

日本の政治や役所が旧態依然としているのは、常に前例を墨守《ぼくしゅ》してきたからに他ならない。「これは前例がない」「この前はこうしたから同様にするべきである」というのが、いまだに踏襲されている仕事のやり方である。これでは変化している時代についていけないのも当然である。前例にこだわっているようでは進歩がない。

前例にこだわっているのは、自分で考えて決断する勇気を怠っているのである。自分はこう考える、自分が正しいと思ったことは断じて行うという勇気をもってほしいと思う。経営を行うというのは、多数決で物事を決めるわけではない。

国会では民主主義の原理で、多数決で法案が決められていくが、多数決で決まることはほとんどが前例重視である。経営で多数決に従って前例を重視していたら、いつかは倒産してしまう。前例には従わないのが挑戦である。前例主義は、チャレンジ精神を放棄するものだ。

だから多数決で経営を決めるような経営者では失格である。チャレンジを忘れた経営者である。経営では、先手先手で先を読み、責任をもって決断しなければ会社の明日はない。その決断を下すのが経営者である。経営者はチャレンジの先頭に立たなければならない。

池の水は、放っておくと流れることを忘れ淀んでくる。雑菌が繁殖してくる。われわれは、古池に淀んでいる水であってはならないだろう。川のせせらぎのように、常に流れを絶やさず新鮮さを保っていくことが水が水である由縁である。

お金儲けをするということは、常に自分の進むべき道を求めて止まざるは水なりの信条をもつということなのである。人生そのものであり、経営そのものではないか。

5、柔軟な思考で変化に対応する

●試練を乗り越えるには

人生とは試練の連続である。試練のない会社などない。大きい小さいはあるが、どんな会社でもさまざまな試練にさらされている。自社だけが試練に遭っているのではない。試練に遭遇することで、へなへなになる経営者がいる。勝負の前にもう怖じ気づいているようなものだ。

これから闘うという時に、そんな経営者では闘いもできない。経営者は大将ではないか。大将なら闘いに立ち向かおう。そこから真の経営が始まるのだ。試練にどう対応するかで勝敗がわかれる。

試練に立ち向かうことなく、打ちのめされてしまえば負けである。試練を踏ん張って乗り越えることができれば、新しい展望が開ける。すると試練はチャンスだったことになる。試練をチャンスにする会社もあれば、早々に敗れ去る会社もある。対応の仕方で、まったく未来を変えてしまうのが試練である。

試練を乗り越えるには、それを当然として受け入れるしかない。むしろ試練に遭うことに感謝すべきなのかもしれない。「試練を受けさせてくれてありがとう」と開き直るくらいの気概をもちたいものだ。

そう思って忍耐強く我慢していると、嵐はいつの間にか過ぎ去り、明るい日が差してくるものだ。

●常に変革していく果敢さをもとう

とにかくどんなことが起きてもそれを否定しないことだ。すべてを受け入れ、肯定するようにする。そのまま時の流れに任せていると、不思議に事態は好転する。好転までしなくとも、道は拓かれていくものだ。明日を堅く信じることが必要だ。

時間が解決してくれるのは、時代が絶えず変化しているからだ。時代が動きながら、人の考え方も変わっていく。だから苦難を耐えしのいでいると、状況は変化していく。その変化を見逃さないで攻めの姿勢に転じると、時の運に恵まれて好調の波に乗れることがある。

逆に事業が順調だったのが、いつの間にか沈滞したりする。これは時代の流れの変化を読み取れず、新しいことに対するチャレンジを怠ったからである。会社は、時代とともに柔軟に変化し続けなければならない。

それ以上に、時代よりも何歩も先をいかなければ安心できない。うかうかできないのだ。経営とは、常に戦闘状態にあると思わなければならない。

結局、時代や環境の変化に正しく対応できた会社が繁栄し生き残ることができる。実は変化に対応していくことはリスクをともなうものである。変化しても間違った対応では会社の命を縮めることになる。それでは生き残れない。

もちろん何も対応できない会社は、時代に取り残されてしまう。変化を好まず現状を維持するだけでは、敗れ去るのみである。

時代の変化を読み取ることは難しいし、変化に気づかないこともある。変化に気づくには、現状に満足することのないようにし、自社を客観視し、あるべき姿を追究し、固定観念を捨て、常識を疑ってかかることしかない。

柔軟な思考を心がけ、常に自社を変革していく果敢さを身につけたいものだ。

人間は老いて老人と呼ばれるようになるが、私はそうは思っていない。老人とは人生の年輪を重ねた経験豊富な人だと思っている。

若い三人より、一人の年輪を重ねた人間の方が知識も広く、素晴らしい人間であると思う。

第四章　私が考えぬいた究極の経営指針十か条

1、意識改革を心がけ、勇気を持って立ち向かおう

●初心を忘れないようにする

ここからは、私なりの経営指針を十か条にまとめて示したい。すでに述べたことも含まれるかもしれないし、経営の心得などもちろん十にとどまるものではない。それでも、覚えやすいように十か条にしてみた。

人間は初心を忘れやすいもので、何か決心しても、決心したことさえもすぐ記憶の奥に閉じ込められがちだ。だから自分なりに十か条をまとめてみるとよい。十か条にすると、なかなか忘れないものだ。

そして折々の時に、十か条を点検してみよう。もし新しい指針を思いついたなら入れ替えるようにする。そのようにして、私も整理していった結果が、ここで示す現在の私の経営指針である。大げさに言えば経営哲学である。

まず意識改革と勇気ということを経営指針の一番目にあげる。意識改革は、経営ならずとも生活のうえでも大切なことだ。意識改革なくして、人間の成長、会社の成長はないと思う。

意識改革などというと大げさに聞こえるかもしれないが、考え方のちょっとした切り替えである。いつも右にばかりスイッチを入れていたのを、左に切ってみる。するとまったく視点が切り替わる。

●考え方の選択肢をたくさんもつようにする

単純なことだ。車に乗っているとわかるが、同じ道でも右側を走っている時と、左側を走っている時はまったく風景が異なる。右側の時には気がつかなかったことが、左側になって新しい発見をする。

いつも右の道に曲がって歩いていたのを、左の道を選んでみる。当然のことながら風景は違う。別に反対の方向を選んだからといって、目的地に行き着かないわけではない。違う風景を見ることが大切なのである。

電車に乗っていつもの駅に降りることを繰り返すのではなく、一つ前の駅、二つ前の駅で降りて、歩いてみよう。歩いて見て、へぇ、こんな街だったのかと思うことがたくさんある。目的地での約束の時刻にまだ時間があると思えば、一つ前の駅から歩いてみるとよい。運動にもなるし、心の余裕も生まれる。こういう時間に意識の転換が起きやすい。

要するに意識して、対象を見る視点を変えていくことが必要なのだ。いつも同じ視点でばかりしか物事を考えられない人は、世の中の変化についていけないし、新しいことに取り組めない。意識改革ができない人は、困ったことに何か行き詰まるとすぐあきらめるしかない。「井の中の蛙大海を知らず」である。

考え方の選択肢をたくさんもっていると、いろいろと生きる知恵も湧いてくるものだ。意識改革を心がけて、もっと伸び伸びと生きようではないか。そのためには、ちょっとばかり勇気が必要だ。いつもの自分から踏み出す勇気が大事だ。でもそのくらいの勇気を持つことは、経営者なら当たり前だろう。

●お酒は止めなくてもよい

意識改革のわかりやすい例として、お酒とタバコについて考えてみよう。世の中には、お酒が止められない人もいれば、タバコが止められない人もいる。たくさんの人が、止められない悩みを抱えているようだ。しかし、このことに対し、私などは不思議に思う。人間は意志の弱いものだと思えば、止められないこと自体に悩む必要はないからだ。

ましてや止めなくてもよいものを、どうして止められないと悩むのか。そんなに好きなものを、無理して止める必要はないのだ。一滴も飲まないなどという決意はすぐダメになる。飲み方が大切なのである。飲み方をコントロールするようにする。

お酒が好きな人は、その効用を十分に承知している。また飲み過ぎるとろくなことはないこともよく把握している。だからお酒の効用の方をもっともっと伸ばすようにしたら、こんな楽しいことはない。

お酒の肴をたくさん摂りながら飲むようにしよう。それもお酒も肴も美味しい、旨いと、自分に言い聞かせながら飲むことで、疲れがとれ、夜はグッスリと眠れる。こんな抜群の効用があるものはない。どうして止めるのか。

適度のアルコールは、血流も良くなり、身体に実によいのだ。健康によいおいしいお酒だということを、心に言い聞かせて飲むことが大切だ。そうした酒の飲み方なら、二日酔いもしないだろう。まさにお酒は百薬の長なのだ。これは意識の改革の最もわかりやすい例である。

●勇気が精神力を強くする

タバコも同様だ。お酒と同じく、止める必要はまったくない。食後の一服ほど、実に美味しいものはない。タバコも適度に吸うことが大切で、一時間に一本ぐらいは許される範囲であろう。一時間も我慢ができないという人は、意識改革が必要だ。

一時間経てば美味しいタバコが吸えると自分に言い聞かせるようにしよう。このくらいの精神力と勇気は、長生きするためにも必要だ。

要は自分を信じて意識改革をすることが大切だ。我慢することはない。自分に合ったお酒、タバコの量を知りながら、勇気を持って意識改革を始めてみよう。勇気が精神力を強くする。

これは仕事にも生きてくるし、後々にこの努力が成功をもたらす。必ずやよい方向に進めるという気持ちを持って、とにかく自分を信じて行動に移してみよう。

お酒とタバコの量をコントロールできるようになると、自分で意識改革に自信がもてるようになる。すると勇気と精神力を持って、どんなことにも挑戦できるようになる。柔軟な気持ちで、新しいことに積極的に取り組むことができる。常に意識改革を心がける勇気をもつことこそ、経営の原点である。

酒とタバコを例にして、意識改革の必要性を読者に訴えてきた。言いたいことは、お金儲けは楽ではないということだ。楽しくお金儲けができれば、この世の中に貧しい人はいなくなる。だから意識改革もできなくて、お金儲けは不可能である。どんなことでも意識改革を実践してみよう。

2、アイディアと創造力を絞り出せ

●無から有は生じない

経営十か条の二番目は、アイディアと創造力である。創造力を発揮するには、アイディアを出すことが必要だが、基本的にはこの二つは同じことだ。自ら考え、行動していく源泉となるのがアイディアである。常に創造し、革新していく姿勢が必要だ。自らを変えられない、つまりアイディアのない会社には進歩がなく、滅んでいかざるを得ない。

良いアイディアが出るようにしておかないと、いつか会社の経営は壁に突き当たる。壁に突き当たってもよい。突き当たって、それを打ち破るのがアイディアだ。アイディアがないと、突き当たった壁を打ち破れない。アイディアはたくさんある方がよい。

売上げが落ち込む。人が辞めていく。どうするか。考えを巡らさなければならない。アイディアが必要だ。対策を立てる源泉になるのがアイディアだ。経営者だったら、いろいろな問題に遭遇する。それを解決するには、スピーディにアイディアでもって立ち向かわなければならない。

アイディアと簡単には言うが、よいアイディアを出すには多くの体験と経験が必要である。無から有は生じないように、アイディアのもとになる情報を頭にインプットするように常々心がけることが大切だ。

●新聞は問題意識をもって読む

アイディアを生むのには、まず新聞を毎日読むことが欠かせない。漠然と読むのではなく、自分で大事だと思う記事を見出すようにして読むようにする。十くらいのキーワードを設定し、それに関連する記事に注目する読み方もよいだろう。

次に、問題意識をもって読まなければならない。どうしてそのようなことが起きるのか、この記事の背景になっている問題は何なのか、それによってどういう影響があるのか、などについて考えを巡らすようにする。

このようにすると、大事なことや問題点をより鮮明に記憶することができる。読み流しているだけでは、記憶に残らない。読み流す記事と脳裏に刻む記事とを区別しよう。後者はそうそうあるものではない。しかし、いつも読み流してばかりいると、大切な記事までも見逃してしまう。

どんな情報も問題意識や疑問をもたなければ、宝になるのが石ころになってしまう。新聞を同じように毎日読んでいても、ある人は情報を宝にし、ある人は石ころにする。この差が生まれてしまうのは、問題意識の差である。石ころにする人には、どんな貴重な情報もムダになる。逆に宝にする人には、情報の方からすり寄ってくるのではないか。宝の情報は、新しい事業のネタにもなればお金儲けのネタにも確実になるのだ。

●何に対しても興味と疑問を抱く

インプットとしての読書も重要だ。もし本も読まなくてアイディアがたくさん出る人がいるならば、その人は他人が言ったことを受け売りしているのだ。人からの情報をインプットすることも大切な能力だが、情報源の基本は読書だ。

読書は知識の吸収だけではなく、考え方を養ってくれる。アイディアを探せるだけではなく、アイディアを出す力を育ててくれるのが読書である。この本は、何を読者に伝えたいのかを考えてみるようにする。このことだけでも、アイディアが養われる初めの第一歩となる。

新聞にしろ本にしろ、興味を抱いて問題の解決に役立つ身近なツールであるし、メソッドでもある。興味を抱くことが大切なのであり、なぜなのか、どうしてなのかと疑問を抱くことが重要なのだ。その解決の手がかりを身近な新聞や本が与えてくれる。興味も疑問もないところから、アイディアなど湧いてこない。

たとえば、花が好きな人であれば、美しく咲く花の名称は何なのかと少しでも思ったら、調べる努力をしてみよう。

何科で、一年草か多年草か、いつ咲くのか、どのような場所に咲くのか、次々と興味が湧いてくるはずだ。

ラベンダーというと、ハーブの一種である。香りは甘く、紫色の花であり、食用でもある。シソ科で、咲く場所では北海道の富良野市はあまりに有名だ。これだけのことを頭にインプットするだけでも、広大な富良野の美しい情景が目に浮かんでくる。次から次へとイメージが膨らんでいく。

これがアイディアを生む基本である。ハーブの一種であることも、紫色であることも知らなければ、イメージは膨らんでいかない。そこからはアイディアは生まれてこない。常に考え、アイディアが生まれてくるように、自分を鍛える努力をしたいものだ。

●四六時中頭を働かせる習慣をつける

アイディアを生むのは、会社の中であったり、机に向かって仕事をしている時だけではない。何か思い付くのに場所は関係ない。電車の中であったり、歩いていたりする時に、突然アイディアを思い付くことがある。

場所に関係なければ、時間にも関係ない。アイディアを思い付くのは、仕事をしている時間だけではない。むしろ仕事を離れて、オフの時間に思い付いたりする。またアイディアは何もないところから突然に出てくるものではない。集中して考え抜き、本当に思いつめてこそ初めて生まれる。

そういう意味では、二十四時間仕事をするつもりでなければ、よいアイディアは生まれてこないだろう。何も仕事人間を奨励しているわけではない。

ただ経営者ならば、四六時中自分の頭を働かせて考える習慣をつけなければならないことを強調したい。電車の中でも、寝る前でもちょっと考えが閃いたらメモを取るようにするとよい。その積み重ねが大切なのである。

3、タイム・イズ・マネー

●納期に間に合わないと次の注文はない

経営指針の第三は、タイム・イズ・マネー、時は金なりである。時間ほど貴重なものはない。自分の時間も重要だが、他人の時間も頭に入れなければならない。時間にルーズな人は、金運、仕事運はない。大切な友人もできない。

時間は、一分一秒たりとも元に戻すことはできない。いかに時間が大切か。それさえわからないようでは経営者は失格だ。時間とお金は直結しているからである。

タイム・イズ・マネーの最もわかりやすい例は、納期である。商品の発注をお客様からいただいても、納期に間に合わなければ次回からの注文はない。納期がいくらきついものであっても、約束した時間に間に合わなければ仕事は成立しない。言い訳が一切通じないのが時間だ。約束した時間に間に合わすといっても一切手抜きはダメである。

銀行取引も同様だ。もし約束手形が振り出されているのであれば、手形の額面通りのお金が当座預金になければならない。預金がなければ、営業時間内に用意することが必要だ。間に合わなければ、当然不渡りとなり、十年、二十年、あるいは三十年、五十年と、それまでに営々と築いてきた信用は一瞬のうちに消えてなくなる。二度不渡りを出すと、取引停止となり、会社は倒産する。

●手形の振り出しは余裕をもって

いかに時間が貴重か、あるいは恐いか。時間とお金は、このように密接に結びついていることは、経営者なら肌で知っているはずだ。私にも経験がある。額面五十七万円であったが、四トン車に製品を積んで納品に行った時である。

渋滞に巻き込まれて、銀行がシャッターを下ろす三時までに間に合わない事態となった。そこで納品先の会社から電話を借りて、銀行に電話した。たまたま個人名義の通帳に百二十万円ほど預金があったため、理由を言って、普通預金から当座預金に五十七万円を移してくれるように、通帳番号を言って移してもらった。間一髪間に合って、ほっとした。次の日、銀行に通帳と印鑑を持って行ったが、不渡りにならず冷や汗をかいた。

時間の大切さを嫌と言うほど知らされ、その時以来、私は約束手形の振り出しを止めた。やむを得ず振り出す以外は、現金主義に切り替えたのである。

平成十三年になって、やむを得ず約束手形を振り出さなければならないことになった。設備投資である。余りにも電気代が大きいため自家発電に切り換えるための投資である。八月三十日に百万円、九月十五日に百五十万円を振り出したが、この時ばかりは期日の一週間前には当座預金に入金した。その間は安心して仕事に励むことができ、何の問題もなかった。手形を振り出す時は、見込みではなく、確実に額面通りに、余裕をもって確認するようにしている。体験を通して、時間とお金の大切さが身にしみてわかった。時は金なりである。

●約束を守れない人間は失格

時間が貴重なことは、経営の重大事において当然であるが、実は小事においても時間を守ることは欠かせない。約束の時間に平気で遅れて来たりする人は誰からも尊敬されない。ちょっとくらい時間に遅れても大したことないではないかと思うような人は、大事でも約束を守れなくて大失敗をするのだ。

まず時間を守れないということで、人間としての信用を得られない。信用を得る第一条件は、時間を守ることなのだ。「あの人は時間を守る」という評価は、その人が信用されている証拠だ。一流といわれた経営者は、みな時間を守ることで知られる。

よく遅刻した言い訳に「忙しかったので」と言う人がいる。忙しいのはみな同じで、遅れた理由が「忙しい」では通用しないのである。そういう人は誰からも相手にされなくなるであろう。

会社でも支払日にきちんと支払いをしてくれる会社は、取引先から信用を得られる。支払日が休日に当たるならその前日に支払うようにすれば、さらに信用が増すだろう。まして支払いが一日遅れたり、二日遅れたりするようなことが頻繁に重なる会社は、どの取引先からも信用されない。

時間こそお金儲けの原点である。時間は人間みんなに共通に割り当てられている。ある人には長くて、ある人には短いということはない。時間ほど平等なものはない。それでも時間によって、人生に大きな差がつくのである。

それは、時間とは人それぞれに生み出すことができるからである。「あんなに忙しくて本を読んだり、人と会ったり、スポーツをしたりよくできるね」と言われる人は、自分で時間を作っているのだ。時間を作る工夫をしよう。お金儲けのヒントがころがっている。

4、従業員に対する意識

●最適な環境を作る工夫をする

経営十か条の四番目は、従業員に対する意識の問題である。言うまでもなく従業員は、モノでもなく、機械でもない。同じ血の通った人間であり、身体を使って、一生懸命に働いてくれている。

もちろん従業員が働いている目的は、自分のため、家族のためである。妻もいるし、子供もいる。父や母もいるだろう。経営者は、従業員が家族を背負って仕事をしていることを忘れてはならない。一人の従業員の後ろには、四人あるいは五人の人たちがいるのだ。

従業員がより良い仕事をしやすいように、最適な環境を作るように工夫するのは、経営者の大切な仕事の一つだ。何も立派な設備を作るべきだなどと言っているわけではない。最も大切なのは、働きやすい心の環境作りだ。会社に対して不信感やわだかまりを抱かないように、従業員とは常にコミュニケーションを図ることが必要だ。

私は、常日頃、従業員とのフランクな会話を心がけている。ミーティングは、何回かは私が経営する店でお酒を酌み交わしながら行う。テーマを決めて話し合う。従業員たちが今、何をして欲しいのかが、私が知りたいことだ。私の方で一時間ほど話すこともある。従業員とのつながりは金だけではない。目に見えない信頼関係であると思う。

●会社のために仕事はするな

私は常々、従業員には会社のために仕事はするなと言っている。仕事は、世のため、自分のため、また家族のためにある。私は一応社長であるが、本当は従業員一人ひとりが社長であると思っている。だから、従業員を従業員とは思っていない。

私は、経営者として工場を持っているにすぎないし、仕事と場所を提供しているにすぎない。従業員には、私のよきパートナーになってほしいと思っている。もちろん従業員が私の考え方をよく理解しているとは限らないので、私は意識改革のための従業員教育を行っている。

私の会社からは、これまで多くの従業員が独立して一本立ちしている。従業員には独立するぐらいの気概をもってほしい。私はそのための援助を惜しみなくしたいと思っている。私が望むことは、従業員各自が自分で考え、自分で行動し、迅速に高品質な製品を仕上げるために努力してほしいということである。

各自がそう自覚してくれれば、納期に遅れることはないし、お客様も信頼して仕事を発注してくれる。お客様から私の会社を指定してくれる。嬉しいものである。

そうした好循環を作り上げれば、会社は発展していくものだ。頼もしい従業員に育って楽しく働いてもらえるように、少しばかりコントロールするのが経営者の仕事だと思っている。

●従業員にやる気をもたせるために

もちろん会社が人の集団である以上、従業員がやる気をもって前進するように、常に彼らに生命力を吹き込む努力は経営者として必要だと思う。会社の生命力は従業員の生命力であり、従業員の生命力なくして会社に活力は生まれない。

それには、経営者が理想とする経営目標を掲げ、社員にやろうとする気力をもたせることが大事である。しかしいうまでもなく、とんでもない経営目標を掲げて、従業員に無理強いするものであってはならない。

よくあることは、高い売上目標を従業員に押し付けて、従業員から「とても無理です」「いくら何でも実行できませんよ」と反発を食らうことだ。これでは従業員のやる気を引き出すどころか、逆にやる気をなくさせてしまう。

目標が大事だからといっても、現実性のない数字を掲げたのでは、自分勝手な経営者と従業員に思われても仕方がないだろう。経営者が自分の都合や会社の論理だけを優先させて事を運ぼうとすると、次第に従業員はやる気をなくしていき、会社から活力は消えていってしまう。

かといって、今度は目標を下げて無難な数字を示したりすると、目標はいくらでも修正できる、あってないようなものだなどと従業員に勝手に解釈されてしまう。こういうことを繰り返していると、次第に従業員から経営に対する信頼が損なわれていってしまう。

●従業員の心をどうとらえるか

つまり、目標は高くした方がよい、あるいは低くした方がよいという問題ではないということを知ってもらいたい。要は従業員の心をどうとらえて会社に活力をもたらすかであり、従業員の心をとらえられないのでは会社に活力はもたらされないということである。

ここでいう経営目標の重要性というのは、経営者が自分の理想や意志、志《こころざし》、熱い思いを、従業員に直に伝えるということなのである。経営者が従業員に常に働きかけて、「よしやろう」と前向きに働いてもらうように仕向けることが大切なのだ。

従業員が一人ひとり自分の目標をもって、自分のために自分を鼓舞して働いてくれるのなら、そんなうれしいことはない。しかし、みんながみんな個人の目標をもっているわけではない。中には、何のために働いているのかわからない従業員もいるものだ。そういった社員に、目標をもたせてやる気を起こさせることが大事なのだ。

　みんなのやる気で個人が自分の目標を達成でき、会社も発展できる仕組みづくりが必要である。一緒に力を合わせてやろうという雰囲気に溢れている会社こそが、経営者にとっては誇りではないだろうか。少しでもそんな会社に近づけたいものだし、私も努力している。

5、我慢と決断力、判断力

●我慢をもとう

　経営十か条の五番目として、我慢と決断力、判断力をあげる。経営者に決断力や判断力が欠如していると、どうなるか。何かにつけて理屈を言い、弁解をし、答えを先へ先へと延ばす。そうした結果、最後に貧乏くじを引くはめになる。

　これで経営者と言えるだろうか。経営者としてのアビリティ（能力）に欠け、不適格の烙印を押さざるを得ない。すぐにも経営者を辞め、他の仕事に就くことを奨める。

現在のような激不況の時代こそ、要求されるのが決断力と判断力である。それがないと、その場しのぎの判断しかできなくて、ビジネスチャンスを失いかねない。これでは、まったくもって無能としか言えない。

我慢も必要である。すぐ借金に頼るような我慢のない経営者は、まったくもって無能としか言いようがない。消費者金融に手を出し、借金が雪だるま式に増え続け、自転車操業に陥っているのは、判断力に欠けた経営者のやることである。

借りる前にどうして我慢ができなかったのか。どうにもならなくなり、死ぬことばかり考える状況になってからでは遅過ぎる。まったく計画性がなく、判断もつかないでは、自分で自分の首を締めているようなものだ。底無し沼へ落ちて気がついても遅い。

●判断力も決断力も我慢に通じる

このような経営者は、私の周りにも相当数いる。Tさんもそうだ。私の会社に来て「助けてくれ」と言う。「お金を貸してくれ」と頭を下げる。しかし、私は「とんでもない。貸せません」と、はっきりと断った。

Tさんは、バブル時に「何もしなくても、お金が儲かった」と自慢していた。二千万円もするゴルフ会員権を購入し、週一回のゴルフを楽しんでいた。大切なお金をそのようなものに使い、バブルが弾けた今は会員権が十分の一以下になってしまった。

どうしてそのようなことになったのか。バブル時にあまりにお金が儲かったため、判断が間違ってしまったのである。十年先を見る判断力の甘さにあったとしか言いようがない。現在、六千万円の借金があり、いつ倒産してもおかしくはない状況になってしまっている。

Tさんのようにならないためにも、普段から判断力を身につけなければならない。判断力がない人は、間違った決断をしやすい。正しい判断と正しい決断ができるように、判断力と決断力に日頃から磨きをかけるようにしたい。

Tさんは現在私の経営学を学びに来ている一人でもある。五十五歳のTさん、今からでも遅くはない、頑張れと云いたい。

実は、判断力も決断力も我慢に通じるのである。私は、雑草という言葉が好きだ。踏まれても踏まれても我慢して、冬には根を丈夫にして寒さから身を守るのが雑草だ。そして春の訪れとともに力強く成長した芽を出し、青々とした姿を現わすのだ。冬の間、我慢したからこそ、栄養分をたくさん吸収できるようになったのである。

●必ずチャンスは自分に向かってくる

人間も同じだ。生きて行くためには、水、空気、栄養分を摂らなくてはならない。我慢するときはじっと我慢するのが肝心だ。我慢している間に精神力が養われ、判断したり決断する力がつくのである。経営者にも我慢の時期というものが必要なのだ。

Tさんは、せっかくお金を儲けながら、我慢の時期を見逃すという判断ミスを犯してしまったのではないだろうか。我慢ができないから、決断においても過ちを犯し、ズルズルと借金を重ねてしまった。

判断力、決断力に欠けてしまっては、本当の金儲けはできない。判断力、決断力を身につけることが、金儲けにつながると私は思う。

誰にも借金はあるし、私にも借金はある。しかし、それは自分の収入から返せる範囲内であり、計画性をもったうえでの借金である。だから借金はしても、返せなくて行き詰まったことはない。

人間はいくら不運続きでも、必ず運のよい時期が訪れてくるし、必ずチャンスは自分に向かってくるものだ。その時を見逃さないだけの眼力を養い、判断力を身につけておかなければならない。そして勇気と決断力でもって立ち向かうならば、むざむざとチャンスを逃すことはない。

運とチャンスは誰にでも共通してあるが、それを見逃すとお金儲けはできない。他人に先を越されてしまい、みすみすとお金儲けのチャンスを逃して後悔しないようにしたいものだ。

●ルールは破ってはならない

忘れてはならないのは、何をするにしてもルールと法律があることである。いくら自分は正しいと思っていても、ルールを破らないようにしたい。借金は必ず返すという最低のルールさえ守れない人間には、金運は遠のくのも当然だ。

口先だけで借金をして、いつまでに返すという意志のない人間は、一生浮かび上がることはない。平気でルールを破るような人間は、ボロボロになり早死にするだけだ。私の周りにも、そういう人が数多くいる。ボロボロになって死んでいった。

私は、嘘が大嫌いである。自分自身は、他人には常に正直に話すことを心がけている。借金のある人は、貸主に正直に返済計画を話さなければならない。全額返せないとしても、返済できる範囲内で毎月少しでも支払っていくことで、貸主からの信用もつく。ルールさえきちんと守るならば、どんな相談にも協力してくれるはずだ。

一生懸命に仕事をして、借金をできるだけ早く返済するように努力することによって、金運も近くに寄ってくる。そうした努力をしない人には、チャンスは二度と訪れないだろう。早く負け組から脱出して勝ち組に入れるように、懸命に頑張ることだ。

6、金儲けの秘策とは？

●経営目標をもつ

経営十か条の六番目は、文字通り金儲けの秘策である。すでにいくつかの方法を示してきたが、ここで整理してみよう。

まず常に目的、目標を定めて行動しよう。いったん決めたら手抜きは断じて行ってはならない。努力を怠ってはならない。妥協、怠慢は許されない。妥協や怠慢の行き着く先は、倒産だと心しよう。

お金儲けどころか、倒産が待っている。会社の経営は、安全を百パーセント保証されたものなど何一つないのだ。今の世の中で倒産など日常茶飯事であり、もともとは経営者の妥協や怠慢に起因していることが多い。

だから、会社は経営目標や経営計画を立てることが必要だ。経営目標の一つとして、売上げ目標を立てることは必要なことである。ただ売上げ目標は数値目標であり、それだけ掲げてもなかなか達成できない。

数値目標には、どのように達成するかという行動計画が必要だ。数値目標や行動計画が一体となって経営目標となる。経営目標は期限を設けて、常に評価しチェックしなければならない。

数値目標だけでは、ただ数値だけ達成できればよしと偏向的になりがちとなる。会社には、社会に貢献する、お客様に喜びを提供するなど志《こころざし》が必要である。志をもちながら数値目標を達成する中で、堅実な発展をする会社をめざそう。

小さくても志が大きく、強い経営体質を備えた儲かる会社になろうではないか。そういう会社は高い品質のサービスで人々から喜ばれ、従業員からも愛されるだろう。経営者には強烈な夢や願望、信念が求められる。そういう経営者には賛同者が数多く得られ、お金儲けがついてくるのだ。

●他人に頼ってはならない

経営者は、自分の頭で考えることをしないと経営目標や経営計画を達成できない。ベストな方法がわからないといって、他人に頼るようなことをしてはならない。肝心なところで他人に頼るようでは、今まで何のために生きてきたのかわからない。人間には頭脳がある。ヘッドワークとは、自分で考え、知恵を出し、想像して現実化することである。

自分のポリシーもなく、他人に頼るような人間にお金儲けなどできるはずがない。お金儲けとは、今何が必要かを考えぬき、今のニーズに適したものを作り出した時に、一攫千金となって返ってくるものだ。

ものを考えるには、長期的に考える場合と短期的に考える場合とがある。長期的に考えなければならないのに、短期的に考えていたりしたら全体の流れが摑み取れないだろう。また多面的に考える習慣をつけたい。一面的に考えたり、視野が狭いと全体像が摑めない。

さらに必要なことは、「木を見て森を見ず」にならないようにすることだ。枝葉末節にとらわれて、本質を見抜けない経営者は失格だ。物事の本質を見抜けるようにしたい。得てして、長期的、多面的、本質的な考え方ができない経営者が多い。心してこの三つの考え方を実行したい。

そのために勉強し、努力をし、自分を磨くのであって、人頼みでは何も生まれない。そういう意味ではお金儲けとは創造性が欠かせず、他人にはない新しいものを生み出すことが必要なのだ。

●当たり前のことを当たり前にやる

お金は儲かるものではない。儲けるものであることを肝に銘じてほしい。儲かると儲けるとでは、根本的に異なることを知らなければならない。このことを知らずして、お金儲けは不可能である。

それには、当たり前のことを当たり前にやらなければならない。要するに、自分の会社の経営を真面目に行って、額に汗して努力することだ。この当たり前のことができない経営者が多いのだ。当たり前のことができなくて、お金儲けはできない。

経営を真面目に当たり前に行うとは、できるだけ売上げを最大に伸ばすことに努力し、経費を抑えることに取り組むようにすることだ。その結果が利益であり、この利益を最大にしていくことがお金儲けの元となる。

お金儲けをするには、決して諦めてはならない。諦めは、負け組がすることである。マラソンで途中まで走ってきて、スタート地点に引き返すようなものだ。他の人たちは、半分くらいの地点を前を見て走っているのに、あなたは元に戻るのか。それでは永遠にゴールはできない。

商売を商いという。それは決して「飽きない」ということである。毎日毎日、来る日も来る日も、飽きることなく、勉強と研究を重ねることなのだ。もちろん、それはなかなかできることではない。だから、何十年と飽きずに自分の信じる道を究めた人が、商売の達人といわれるのである。

食の達人や味の達人は、食材と調味料とに何十年も格闘し続けて勝利し、究極の味を究めた人たちだ。常日頃から自分で考え、研究をし、ベストな味を追究してこそ、達人の域にまで達するのだ。

それでもその道の達人たちは、決してお金を追いかけているわけではない。彼らは、お金というものは追いかければ追いかけるほど逃げていくものであることを熟知している。

お金というものは引き寄せるものなのだ。どうしたら引き寄せることができるか。

達人たちが実践しているではないか。努力や研究を重ね、一生懸命に仕事をしたことの報酬がお金である。お金は後からついてくるものである。だから一生懸命に仕事をして、努力をしていても実りがないとするならば、その人はまだ一生懸命に仕事をしていないことになる。努力が足りないのだ。

●小さな道であってもいずれ大きな道へ

いやそんなことはない、自分は人一倍努力をして頑張って仕事をしているという人は、今の職種に合っていないのではないか。適職ではないことを疑ってみることだ。適していないと判断したなら、勇気をもって職種を変える決断をされたい。

身を粉にして働いて実りがないと思うほど無駄なことはない。自分に合った職種を早く探して自分にふさわしい道を歩んでほしい。自分の道は他人の道ではない。小さな道であっても自分で切り拓いてほしい。必ずや自分に合った職種はあると思う。

自信をもって自分の道を歩んでいけば、たとえ小さな道であってもいずれ大きな道となるものだ。努力のしがいがあると確信をもてるならば、成功という目的、目標に徐々に近づいていくことができるであろう。

真のお金儲けは、自分の力量のなさを謙虚に知ることから始まる。そこから努力をして新しいアイディアで切り拓いた道は、まさに自分の道である。創造力が身についてくると、どのような困難な状況でも乗り越えることができる。自分で作った道は険しいのが当然である。他人の作った道は歩きやすいが、進歩前進はない。

甘い気持ちでお金儲けはできない。血の滲むような努力があってこそ、金運や福徳運が自分にくると思って頑張ることが必要だ。私は人の三倍も仕事をして身体を壊して第一線を退いた。それでも激不況の中で日々努力し、お金儲けをしているのである。

●経費の増大、利益率の低下に注意を

売上げが少しでも上がっていると慢心しがちで、経費が上がっていることを忘れて利益が下がってしまうことに注意したい。売上げが上がると経費は増えて当たり前だと思いがちだ。しかし往々にして経費は比例して上がるのではなく、少しの売上げ増で経費は倍になっていたということもあるのだ。

経費の増大、利益率の低下には注意を怠らないようにする。ムダな経費を使っていない

か常にチェックしよう。仕入費が売上げに対して多過ぎるのではないかなど問題点はないであろうか。すでに述べたように、節約とケチとは違う。経費を徹底的に抑えることは、ケチというような次元の話ではない。経費を抑えることは勇気のいる決断でもある。

たとえば最新の設備機械が欲しい時でも、今はその時期ではなく中古品で十分に生産効率を上げられると踏んだら、そうすべきであろう。車なら誰だって新車がよいだろう。しかし毎月の経費を考えたら、見えを張って新車にとらわれる必要はない。特別な理由がなければ中古車で我慢するべきだし、それで十分だ。

最新設備がなければ、他の会社との競争に負けるわけではないだろう。もちろん最新設備が前向きの投資と思うならば導入すればよい。ただし導入した後のこととして、経費を押し上げるために会社の売上げを伸ばす努力が必要になる。経営効率を低下させたり、経営体質を弱めないようにすることを肝に銘じるべきだ。

●経費を極力抑える

基本的には、会社を引き締める意識は常に忘れないようにしたい。経費を極力抑えることは、会社を強くし儲けるために必要な努力である。売上げを最大にしながら経費を最小にしていくことこそ経営の王道ではないだろうか。

売上げが増大していくにつれ、経費も増えていくのが当たり前である。経費を最小にするのは矛盾と言われるかもしれない。常識に反し、そんなことは不可能だと言われるかもしれない。しかし、当たり前のことを当然としていたら、お金儲けはできない。当然とされることに疑問を持ち、一見できないことに知恵を絞るのだ。売上げが伸びているのに経費を減らすことは、確かにそうそうできるものではない。しかし、それに挑戦することで突破口が開かれ、お金儲けのチャンスが生まれてくるのだ。

収益源となる売上げは、単価（利幅）×個数（販売量）で決まる。売上げを伸ばすには、単価を高くするか、個数を伸ばすかである。低成長下でなかなか個数を伸ばせないのが現状である。それでは単価を高くすればよいかというと、低価格が浸透し、安くて当たり前の世の中になると、なかなか利幅を多めに設定できない。

受注会社であれば、注文を取るためには発注会社からの厳しい値下げに応じなければならない。しかし、無茶苦茶に安ければ利益は得られず、会社は成り立たない。売上げを上げて利益を確保するためには、買ってもらえるギリギリの多めの利幅を設定することは会社の生命線である。

●ベストの価格を決める

買う方も売る方も満足するベストの利幅を決めることが必要だ。つまり価格をどのように設定するかは、お金儲けをするための重要な基本的な行為なのである。

「安ければ安いほどよい」は買う方の立場であり、それにつられて売る方が「いくらでも安くします」では経営努力を忘れていることになる。お金儲けの秘訣は、売上げを最大にする工夫をしなければならない。それには価格設定のプロとしてベストの価格を決めるようにする。

さて、せっかくこの本を読んでいただいている読者に対するお礼として、私が今考えているアイディアのヒントを提供したい。私は現在、一坪一日純利益五千円、三坪一日一万五千円のお金儲けをテーマに考えている。読者のみなさんも私の考え方に近づけば、激不況の中で必ずやお金儲けができるチャンスはあると思う。

夫婦仲良く家庭円満であること、また努力して物事に当たれば必ず金運は近づいてくると、私は自分の体験と経験にもとづいて断言しておく。そして頑張って知恵を絞り、考えぬいて前進あるのみである。負けてなるものか。

7、逆転の発想をもて

●負け組になりたくなければ

経営十か条の七番目は、逆転の発想をもつことをあげたい。激不況の時こそ、この逆転の発想が生きてくる。激不況だから何をやっても失敗する、儲からないのは仕方がないと考えるのが普通の考え方である。しかし、このように普通に考えるのでは、その時点で負け組である。

負け組になりたくなければ、逆転の発想をしなければならない。つまり、激不況であるからこそ、お金儲けのチャンスはあると考えるべきなのだ。私はそう信じているし、信じることで前途は明るく大きく開けるのである。実は、現に儲けているのだ。もちろん私だけでなく、この不況下で儲けている人は数多くいる。

彼らはみな、不況だからこそお金儲けができると信じている人たちだ。こうした逆転の発想ができる経営者は、どんなビジネスでも負ける気がしないのではないだろうか。金運も強く、二十一世紀に勝ち残れる真の経営者であると思う。逆転の発想こそが、お金儲けには必要不可欠なことである。

●地下に二階建ての家を建ててみてはどうか

逆転の発想とはいかなるものか、私の逆転の発想を紹介しよう。何故に地上に家を建てるのであろうか。私は現在、田舎暮らしである。毎年九月中旬、女子プロゴルフの東海クラシックが三重県員弁町の涼仙ゴルフ倶楽部で開催されている。そこから百メートルの所に我が家はある。

田舎であるから土地も広くて、二階建ての家屋に私の最愛の女房と猫六匹、犬一匹とで暮らしている。庭あり畑あり、周りは山菜の宝庫であり、四季折々の山菜が採れる。たまに知らない人が初めて訪ねてくると、別荘かと聞かれることも多くある。実に楽しい生活を送っている。

さて、どうしてみんな地上に家を建てて喜んでいるのか。私の逆転の発想は、地下に二階建ての家を建ててみてはどうかというものだ。今の進んだ建築技術からすると、地下に家を建てることは十分に可能である。地震にも強くて、安心だ。

地上は畑にして、一年の四季に合った野菜を作ってみてはどうだろうか。種を蒔いて芽が出て成長するプロセスを楽しみながら、収穫の日を待つのだ。なんと豊かな生活で、すばらしいことではないか。空調設備や雨水による流入の防備で、少しばかりコスト高にはなるが、安心は買えると思う。

これは、逆転の発想のほんの一つの例に過ぎない。私には、次から次へとアイディアが湧いてくる。アイディアも創造する力も、普段から自分で磨いておくことが大切だ。

●どうして宅配便は成功したか

宅配便は、逆転の発想から生まれたことは有名である。宅配便のサービスが開始される前は、郵便局や旧国鉄が郵便小包や小荷物サービスとして行っていた。利用者は荷物を窓口まで持っていって届けていたのである。要するに、郵便局や旧国鉄は利用者の荷物を届けてやるという発想であった。窓口の応対は、まことにぶっきらぼうで、人々は嫌々ながら利用していたのだ。

ところが宅配便を始めた経営者は、逆転の発想で利用者の立場から考え、利用者にサービスとなるように事業の仕組みを作り上げたのである。郵便小包や小荷物サービスは、まず荷物という存在があって運ぶというものだ。宅配便は車両や基地をあらかじめ用意し、運送業に違いはないがサービス業という発想で取り組んだ。

とにかくすべて逆転させて発想し、宅配便は成功したのである。新しい事業は、逆転の発想で生まれる。逆転の発想に、お金儲けのヒントがある。

8、死に金は絶対に使うな

●身となり肉となり骨になる投資か

経営十か条の八番目として、死に金を絶対に使うなと主張したい。お金というものは、使い方によってはその人の身となり肉となり骨となる一方で、間違った使い方をすると毒になり、体力や気力をも失わせる結果となる。

一万円を何に使うか、人それぞれであろうが、人の話を聞くために飲食に費やすこともできれば、たくさん本を買って読むことに費やすこともできる。一万円で考える力（思考力）を身につけることができるわけだ。これは生き金であろう。

一万円でパチンコをして、時間を費やすこともできる。あっという間に一万円が消えてしまって、その人はどう思うか。楽しかったら別に惜しいとは思わないと、その人は強がりを言うだろう。

しかし、それでお金が身となり肉となり骨になるだろうか。人の話を聞いたり、本を買って新しい知識を得るのに投資するのと比べると、なんと虚しいお金の使い方ではなかろうか。金儲けなど出来ない馬鹿の代表といえる。

●ギャンブルに手を出すな

お金を使うことは実に簡単であるが、生きた使い方をするべきであろう。死に金にならないように、よくよく考えて使うようにしよう。今時一攫千金など、ないと思わなければならない。宝くじに当たるとかは稀にあるのかもしれないが、そうそう当たるものではない。そんなものに頼ってもしょうがない。

ましてやギャンブルに手を出してはならない。一時のスリルを楽しむだけに過ぎず、勝てるものではない。ギャンブルは身を滅ぼすだけのもの、家庭崩壊の元、労働意欲をなくす元である。ギャンブルで大切な友人をなくすことはあっても、成功した例はない。

要するに、ギャンブルはお金儲けの敵である。私の周りにはギャンブルで土地をなくし、家をなくし、浮浪している人がいる。しかも、もともとは経営者だった人もいる。自分の周りを見てみよう。ギャンブルでお金をなくした人はいても、成功した人などおそらく皆無であると思う。

実は、私は若い頃ギャンブルに手を出し、一千八百坪の土地を一瞬のうちになくしたことがある。バブル時では、億単位のお金である。そのことがあってからは、一度としてギャンブルに手を出したことがない。ギャンブルに手を出してはならないと強調するのは、私が身をもって体験したことの深い反省にもとづくものだ。

●世の中の軽薄な動きに流されない

ギャンブルとは、賭け事だけとは限らない。投資という美名のもと、株や商品取引などもギャンブルだと私は考えている。様々な形で商品を開発して人々に売り込んでくる会社に騙《だま》されてはならない。目先のお金に目がくらんで泣きをみる商店主や小規模経営者、一般消費者がなんと多いことか。

目先のお金には痛い痛いトゲがある。絶対に儲かるという甘い言葉に、うっかりと乗ってはならない。必ずやこうした儲け話には裏がある。安易に話に乗って大失敗をした人たちを、私はたくさん知っている。

失敗した人たちは、みな自分だけは損をしないと信じ込んでのめり込んだ。どうして信じ込むのかが不思議でしょうがない。バブル期には業者や銀行から、株や土地が値上がりするとそそのかされて、たくさんの人が購入した。そそのかす方も悪いが、そそのかされる人たちも意志が弱いのではないか。

世の中がうねるように一つの方向に動き出すと、人々は時勢にあおり立てられるように付和雷同しがちとなる。しかし銀行にいくらそそのかされても、不動産をころがすようなお金儲けは一切しないと、突っぱねた会社経営者もまた数多くいたことを忘れるべきではない。

こうした経営者は、浮利を追わないで額に汗して働く価値観や、世の中の軽薄な動きに流されない原理原則を、きちんともっている尊敬すべき人たちだ。お金は生き金として使い、死に金には絶対に使わないという鉄則をきちんと守っている人たちだ。見習いたいものである。

●額に汗して稼ごう

ギャンブルや投機が致命的な欠点を備えているのは、創造的な行為ではないことだ。人間が額に汗して働いた結果として得る真の利益ではない。額に汗しないで、自分で苦労しないで、誰かが損をしてゲームに勝つがごとくして自分が得るお金に何の価値があろうか。自分が利益を得る裏側には損をしている人がいることを見詰めるべきだ。誰かの犠牲のもとに成り立っているのがギャンブルや投機なのだ。

自分が額に汗して稼いだお金は、世の中に価値を生み出したことに対する誇るべき報酬である。ギャンブルや投機でお金を得ても、そのプロセスで世の中に何の価値も生み出していないことを真剣に考えるべきだ。簡単にお金が儲かるような話が世の中に価値をもたらすことなどないと、自分に言い聞かせてほしい。

お金は儲かるものではない。努力をし、一生懸命に仕事をして儲けるものであることを、しっかりと頭に叩きつけてほしい。真のお金儲けを考えたい。そうすれば、安易な儲け話に手をつけたり、ひっかかることはないであろう。

9、ポジティブシンキング（積極思考）

●逆境にあろうとも常に前向きな考え方を

経営十か条の九番目は、ポジティブシンキング、すなわち積極思考、前向き発想である。経済が好況の時というのは、誰でも否定的な考え方をしないで積極的な考え方をして前に突き進むものだ。

ところがちょっと経済が落ち込むと、人間の考え方までも消極的になり、多くの人に元気がなくなる。そうすると、社会全体に活気が薄れて、なおのこと経済が悪くなりがちだ。悪循環である。

景気がどんな状況の時でも「景気はよくなる」と同じことをいつも言っている経済評論家がいる。およそ科学的ではなく、本当に経済評論家なのかと疑いたくなるが、彼は社会を前向き発想にするという一定の役割を果たしているのだ。評論家としての客観的な能力には疑いがあっても、人々の心を常に明るくしようとする彼の考え方は間違いではない。

人間はどんな逆境にあろうとも、常に前向きな考え方をするように心がけたいものだ。そうした考え方ができる人は、不況に打ち勝つ術を体得しているといえる。慎重であることは必要だが、ネガティブ（否定的）な考え方では進歩がない。ネガティブを切り捨て、何くそ負けてなるものかという気力を持って、困難に立ち向かわなければならない。

やる気を倍増させ、前へ前へと突き進むようにすることは、不況の時こそ大切であり、不況に打ち勝つためのプランを熟考することが必要だ。こうしたポジティブシンキングがあれば、不況だから諦めるしか仕方がないとか、いっそ自殺でもしたいという弱気な考えを遠くへ追いやることができるであろう。自分で死ぬほど情けないことはない。

●できることを考えよう

死亡者というと、以前は交通事故でなくなる人が多く、年間約一万数千人であった。ところが今は、自殺者が年間三万人以上いるという。大変な数である。私には、生命というかけがえのない宝をなぜ自分でなくしてしまうのかが、どうしてもわからない。

一つしかない大切な生命をもっと大事に使おうではないか。人間は百五十年も二百年も生きられない。八十年くらいの短い生命である。せめて天寿を全うしようではないか。自分で自分の生命を絶つというのは、一番卑怯であり、愚か者のする行為であると思う。

人生に目的や目標を見失ったから自殺に及ぶのだろう。しかし、目的や目標はいくらでも見出し得るものだ。苦しい時もあるだろうが、人生は捨てたものではない。激不況の中でも、意義のあること、楽しいこと、お金儲けできることは、いくらでもある。

私の家にアポイントメントをとって遊びにきてほしい。いくらでもお話に乗りたい。知恵も貸すことができる。とにかく死というものを捨て去ることだ。生きてこそ楽しい人生である。楽しさ、面白さ、豊かさを探してみようではないか。必ずやよい方法があると思う。

積極思考とは、物事に当たって「できる」と考えることである。「できる」と考えることがスタートとなって、別の局面が生まれたり、新しい発見があったり、いろいろな出会いがあったりすることが繰り返されるのだ。ところが「できない」と拒否したら、すべてはそこで終わりとなる。

積極思考と、そうではないマイナス思考とでは、一つの事態の対応から諸々の対応、経営全体に対する対応までにおいて、まったく異なる状況が作り出される。お金儲けにとって、どちらが有利なのか自明である。

できないと言う前に、どうすればできるかを考えるようにしよう。プラス思考で肯定的に考えることから、すべてのチャンスが湧き出てくるのである。

10、常に勉強し続ける姿勢（人生死ぬまで勉強）

●賢い人間になろう

経営十か条の最後となる十番目は、経営者の勉強、すなわち自己啓発の問題である。なぜ勉強するか。お金を儲けるためだ。お金儲けは儲かるものではなく、儲けるものである。これは大事な言葉であると私は思う。儲けるためには、勉強が必要なのだ。勉強もしないで儲けることはできない。

一万円のお金があれば、本を買って読むことだ。本を買って読む人は、生きたお金を使っている。ギャンブルに使って、結局はなくしてしまうのは死に金だ。勉強のために生きたお金を使う人には、必ず幸運が訪れる。希望を捨てないで、努力あるのみである。「人間は考える葦である」とは、哲学者パスカルの有名な言葉である。読書をすることも忘れ、考えることも忘れた人間は、賢い人間にはなれない。読書は考えるきっかけを与えてくれる。

本を読んで勉強し、努力する人は、お金儲けに対する考え方にも深みが出てきて、人とは違った取り組み方をするようになる。常に自分を分析でき、客観的に物事を見る力が養われる。経済の流れを理解できるようになり、科学(サイエンス)にも化学(ケミカル)にも強くなって、論理的な考え方ができるようになる。

●仕事のヒントはいくらでも生まれる

電気屋を経営している私の友人が、不況で仕事がない、早く死にたいと弱音を吐く。私は「何を考えているのか。もっと勉強しろ」と激怒した。平成十三年四月から家電リサイクル法が施行された。電気屋なら当然知っているだろうし、それによって自分たちの仕事がどうなるか、どうすればよいかについて研究するべきなのだ。

私は、自分のアイディアを説明した。「電気製品を売らなくても、引き取ってくるだけで、お金がいただけるではないか。こんなおいしい法律を捨てておく必要はない。日本中を走り回り、年間一万台回収せよ。一台平均三千円としても年間三千万円になるぞ。自分の身体を使うだけで、費用はトラックのガソリン代だけで済むのだ。怠けずに真剣に働け」と。

こう言い聞かせたら、その時から死神が遠くへ逃げて行ったように、彼は一生懸命に仕事をするようになった。勉強が足りないのだ。勉強することで、仕事のヒントはいくらでも生まれる。人間は誰でも、より高い自分をめざして学び続ける姿勢をもつことが大切だ。学ばないところに、難しい問題の解決はないからだ。

●従業員に常に刺激を与え続ける経営者に

経営者なら常に難問が待ち構えていることを知っているだろう。次から次へと、よくもまあ問題が起きるものだとうんざりもするだろう。

そのような時でも、学び続ける姿勢をもった人ならば、立ち向かうことができる。立ち向かって、打つ手を考え出すことができる。日頃から前向きで勉強しているからだ。勉強していないと、面倒くさがって問題を避けるようになるし、解決しようとしても打つ手を間違えやすい。

学ぶというのは、本を読まなくてもできる。人の話をよく聞くことができる人は、学ぶ人だ。人の話を聞こうとしない人は伸びない。人の話に謙虚に耳を傾けることが大切だ。学ぶ人は常に謙虚だ。謙虚な人は、人の話をよく聞くし、少しでも自分を伸ばそうとするからよく勉強する。

時には、自分と違った分野の人たちと交流して、その人たちの話に耳を傾けるのもよいだろう。常日頃接する人とは異質な人との話は、自分でも気がつかないワンパターンになりがちな考え方から脱却させてくれるメリットがある。

経営者には終わりがない。経営には、絶え間ない革新が必要である。変化を認識し、経営者自身が変革を遂げていかなければ会社の存続は危うい。少しでも優れた経営者になり、お金儲けをしたければ学び続ける姿勢をもたなければならない。

従業員に常に刺激を与え続ける経営者でありたい。それには、経営者が絶えず学び続けていなければならない。他人に何か刺激を与えるためには、自分が変わり続けることが必要である。

第五章　健康で百歳まで生きたい――C型肝炎からの生還

1、C型肝炎宣告のショックに立ち向かう

●肝炎ごときに負けてなるものか

私はC型肝炎を患い、食事療法で完治した。肝炎は完治するという私の体験を、広く肝炎で悩んでいる人たちに知ってもらいたいと思う。少しでもアドバイスになればと、経過についてまとめてみた。

厚生省の統計によると、C型肝炎患者は百五十万人にも達するという。大変な数である。その方たちの一パーセントでも数パーセントでも、私の体験記がお役に立って完治することがあれば、こんなうれしいことはない。

平成十三年になって、私は体調に変調をきたし、食欲があまりなくなり、疲れがひどくなった。私は身体が大きく、健康にも自信があった。食欲減退や極度の疲労感など、それまで経験したことがない。脳卒中で倒れて以来車イス生活だが、それまで健康な生活を送

っていた。

そこで私が住む三重県員弁郡員弁町大泉新田五十五の一にある小笠原内科で診てもらった。院長の医学博士・小笠原哲也先生の診察を受けたところ、血液検査をするように勧められ検査を行った。

一週間後に血液検査の結果を知らされ、C型肝炎であると診断された。いきなりの宣告に驚かされた。ショックであった。しかしすぐ気を取り直し、肝炎ごときに負けてなるものかと、自分に言い聞かせた。

●肝炎は薬では治せない

まず一体C型肝炎とはどんな病気か、どういう治療方法があるのかを、自分で詳しく知る必要がある。

私は、何事でもすぐ没頭するタイプの人間だ。肝炎に関する医学専門書を図書館で探しては勉強し、本屋さんにある健康本もC型肝炎の書名を見つけると即座に購入した。そして毎日毎日、本を読み漁《あさ》ったのである。

しかし、お医者さんが書いたこういった医学や健康に関する多くの本は概して読みにくく、難しいのがほとんどだ。一般の素人が読んで理解できると、書いている人は本当に思っているのか疑問である。

正直なところ、難しいことを読んでも日々の生活の実践にはほとんど役に立たないのだ。読んでもためにならず、自分で考えるしかないと悟っただけでも読書はムダではなかったが。

自分で考えた結論は、肝炎は薬では治せないということである。治すための最適な方法は、食事療法ではないかと私は思い至った。そこでなんとか食事療法で治せないかと、小笠原先生の指導を仰いだのである。

その指導にもとづきながら、私なりの知恵と工夫を加えて、辛抱強く食事療法を毎日続けた。

実践のかいあって、約半年という短期間で検査数値が急激に低減したのである。奇跡的にも完治したのは、自分でも驚き以外の何物でもない。

私はその間、好きなお酒もタバコも止めていなかったのだから、小笠原先生も驚いておられた。一日に焼酎コップ一杯、タバコ十本から十五本を止めることなく、完治させたのである。

●食事療法で完治する

肝炎はいうまでもなく、A型、B型、C型があり、その他にもD型、E型、F型、G型まであると専門書には書かれている。すべて発症は、ウィルスによるものだとされている。ウィルスに冒されて、最後は死に至るという恐ろしい病気である。

症状は千差万別で、一人ひとり症状は異なる。私は医者ではないので断言はできないが、百パーセント治ることは難しいようである。なかなか治りにくい病気であることは確かだ。しかし、私は紛《まぎ》れもなく完治した。

完治した現在、食欲は健康体時に戻っている。肝炎と宣告された当時の食欲不振がまったく嘘のようである。食べるものはすべて美味しく感じられる。肝炎の完治もうれしいが、仕事を変わりなくこなせるようになったのが喜ばしい。健康の大切さをひしひしと感じている毎日である。

現在、二ヵ月に一度、定期検診を実行している。AST（GOT）、ALT（GPT）、γ-GTP（GTP）の数値も安定して変わりない。元気そのものであり、何の心配もなく仕事に励んでいる。早期発見、早期治療が完治の基本であると思う。

2、薬では治せない！　ストレス解消も重要

●ストレスを解消する工夫を

私はお医者さんではないが、確信していることはストレスが肝炎に非常によくないということである。ストレスが身体に悪いことは、誰でも知っているだろう。そのストレスが肝炎には最も悪い。したがって、ストレスを毎日の生活でなくすようにすることが、まず肝炎を完治させる最善の道なのである。

私が肝炎を完治できたのは、食事療法にプラスして、ストレスをなくすために毎日の生活を工夫したことを強調したい。私の場合、その方法は趣味を生活の中で活かすようにしたことである。

私は多趣味であり、趣味を通じて毎日毎日が勉強の連続である。私の趣味と肝炎とは関係ないように思われるかもしれないが、密接に関係していることを知ってもらいたい。

まず私は、本を読むことが好きだ。笹沢左保や落合信彦、池波正太郎が好きな作家である。時代劇や推理ものが好きな一方で、現代世界を鋭く抉《えぐ》り取るジャーナリズムに非常に興味がある。各作家の本がすぐ読めるように、いつも手の届くところに置いてある。

●趣味を通じて実に楽しい毎日

一方で私は囲碁が好きで、地元のいろいろと職種の異なった人たちが集まる月二回の例会に出席している。上は八十五歳の方から三十歳代の人まで、各世代の人たちと囲碁を打ちながら、休憩の時はコミュニケーションをとっている。

政治や経済、近況、女性などと話題は尽きることなく、実に楽しい時間を過ごす。ストレス解消のひとときである。ちなみに、私はアマチュア五段の免状をいただいている。

また私は油絵の趣味があり、スケッチブックを持って、女房の運転で海、山、川、公園に出かけて行く。キャンバスに向かって構図を考えたり、色の具合はどうかなどイマジネーションを巡らし、絵に没頭するだけでストレスはなくなる。

私は、これまでに外国は約四十ヵ国ほど出かけている。それらの国々での人々の出会いと風光明媚な景色を思い出しながら、絵筆を握るのも楽しみである。

さらに私は焼肉店、居酒屋の経営をしており、二店舗の食品衛生管理者であることから、料理の研究は怠ったことはない。仕事であり趣味でもあるのが料理研究である。

このように、私はたくさんの趣味を通じて実に楽しい毎日を送っている。このことがストレスを解消し、身体によく、肝炎の完治に役立ったと確信しているのである。ストレスの解消は、薬では治せない。次に紹介する食事療法とともに、ぜひ実行していただきたいものである。

3、ウィルスを消去する食材を発見！

●電子水が元気を作る

私は、食事療法でC型肝炎を完治した。それは、肝機能を高め、ウィルスを消去してしまう働きのある食材を食べることで可能となった。そうした食材を発見したのである。それは、

一、水
二、帆立貝（貝柱）
三、ウコン

の三種類である。順次、説明していこう。

まず水は、言うまでもなく毎日食するものであり、人間には必要不可欠なものである。清い水、汚れのない水、化学物質の入っていない水、おいしい水が欠かせない。しかし、そうした水は水道水では得られない。この条件を満たすのが電子水なのである。私は三年間、この電子水を愛用してきた。

電子水とは、水道水を四時間かけてイオン分解してできるマイナスイオン水である。水道水に含まれる塩素をなくして軟水にしたもので、私は人間の身体に最も適した飲料水であると思っている。塩素は微生物を殺菌する物質である。

私は今では水道水を飲んだことがなく、電子水は実に美味しい。少し甘く感じられる。血液をサラサラにしてくれ、流れをよくする。ポットに一ヵ月程度放置しても、何の臭みもなく、一ヵ月前の水とまったく変わらない。電子水のお陰で、コレステロールは正常値である。

私の家の中にある十数鉢の鉢植えの観葉植物に電子水を与えると、元気そのものだ。いかに人間の身体に大切なのか、鉢植えの草花が教えてくれる。電子水以外の水は、私は飲みたいとも思わない。

●帆立貝とウコンの相乗効果

帆立貝は、専門書によるとタウリンが多く含まれている食材だとされている。DPA（ドコサペンタエン酸）、IPA（イコサペンタエン酸）、EPA（エイコサペンタエン酸）が含まれていることもわかっている。これらは不飽和脂肪酸であり、身体の血液をサラサラにして、コレステロールを体外に尿として排出してくれる。

ウコンは、日本で一番の長寿県である沖縄県の特産であり、ショウガ科の食材である。ウコンの主成分は、黄色のクルクミンであり、健胃、健腸、肝機能の強化に効果がある最高の食材である。色が外見上ショウガとほとんど変わりがなく、摺り下ろすと黄色をしており、非常に苦味が強い。ちょっと食べにくいが、この苦味成分クルクミンが肝炎によいのだ。

私がたくさん読んだ専門書の中には、具体的に食材をあげて食せよとか、薬を服用せよとは書いてない。難しい言葉や専門用語ばかり並んでいて、実際に役立つことは書かれていないといってもよい。

しかし肝炎の人が本当に知りたいことは、毎日の生活の中での食事など具体的に実践する方法なのだ。普段の食生活と規則正しい生活が肝心である。私の食事療法は帆立貝とウコンを中心とするもので、実際にＣ型肝炎を完治させたのである。

ウコンを摺り下ろし、牛乳と一緒に飲むと大して苦くない。帆立貝はサシミでもよいし、バター焼きにしてもよい。帆立貝のタウリンやＤＰＡ、ウコンのクルクミンが相乗効果を発揮して、肝機能を強化してくれるとともに免疫力を高めて、炎症を治してくれる。

４、食事療法で肝機能が強化され、血液がサラサラに

●電子水の効用

私は、水、帆立貝、ウコンを中心にした規則正しい食事療法でＣ型肝炎を治した。食事

療法なので、何の副作用もなく健康そのものである。医食同源という言葉があるように、病気を治すには正しい食事が基本となる。

水は一日二～三リットルくらい飲む。帆立貝は一日二十グラム、ウコンは人差し指第一関節大一片である。

その他に、青背の魚としてイワシやサンマ、サバ、アジなど、そして野菜を主に食事を摂ることが、早く完治させる道だと思う。以前は肉中心の食生活であったが、現在は魚と野菜が中心の食事である。

水についてもう少し触れておきたい。水にもいろいろとある。水の中でもよい水とは、富士山の麓の水のように、数年または十数年かけて泉のごとく湧き出る水である。こうした美味しい水に比べたら、ダムから水を取り塩素（カルキ）で殺菌処理した水道水は雑菌や微生物を除去してくれるものの、臭くて飲めたものではない。人体に影響はないものの、肝臓にはよくないようだ。

私が飲んでいる電子水は無色無臭であり、血流をよくし、身体が軽くなった感じにさせてくれる。頭の回転もよくなり、物忘れもなくなる。夜は寝つきがよくなり、早く熟睡できる。朝の目覚めがよく、毎朝気分がよいことこのうえない。

七十七歳になる私の母も電子水を飲んでいる。白い髪が黒くなってきたと喜んでいる。みなさんがどんな水を飲んでいるのかが心配だ。

●どんな野菜がよいか

野菜は、ビタミンA、B_1、B_2、B_6、B_{12}、C、D、Eと、亜鉛、鉄分、銅、カルシウム、マグネシウムを摂取するようにしたい。また、カリウムを多く含む食材を組み合わせて調理し、酢のものを多く摂っている。

これらの成分は、血液をサラサラにする効果がある。免疫力のある食材、ガン予防によいとされる食材も、多く摂るように心がけている。食材と主成分を次にあげておこう。

ダイコン＝ジアスターゼ　リンゴ＝オリゴ酸　リンゴ皮＝ポリフェノール　○ミカン＝βクリプトキサンチン・ビタミンC　バナナ＝コリン　○タマネギ＝硫化アリル　ピーマン＝リコピン・ピラジン・ビタミンB群　○ホウレンソウ＝ビタミンA　シイタケ＝オクタコサノール107P　小麦胚芽＝パラアミノ安息香酸　○エノキ、マイタケ、ヒラタケ＝食物繊維・胃腸の掃除　○トマト＝リコピン・βカロチン　ニンニク＝アリシン　○レタス＝セロトニン・ラックコピコリン　エダマメ＝レクチン　○シシトウ、トウガラシ＝カプサイシン　○葉ネギ（緑の部分）＝セレン（ビタミンEの一〇〇〇倍）タマゴ＝コリン納豆＝イソフラボン　ナス＝ナスニン

○印はガン予防に特によいとされる。抗酸化物質であり、コレステロールを除去して免疫力を強化して、ガン予防になる。特にナスは、胃、肝臓によいと専門書などでは紹介され、天ぷらでもよいし、酒の肴には最高だ。

旬のものをたくさん食べて、肝炎など吹き飛ばして、健康で楽しい日々を過ごし、百歳を目安に長生きできるように頑張りたい。

5、C型肝炎完治！　次は自分の足で立つ

●早期発見、早期治療

私は、医学博士小笠原哲也先生のよきアドバイスを得ながら食事療法に励み、その後血

液検査を行ってもらったところ、数値はすべて半減し正常の範囲内であると言われ、完治したと自信をもった。

現在、身体はすこぶる快調であり、だるさ、疲れもなく、何を食べても美味しく、毎日、仕事に頑張っている。

肝炎の専門家の本を読んでも、あまりに難しいことばかり書かれており、一体どう対応してよいやらわからない。

私が実行したことは簡単そのものであり、何も難しいことではない。好きなお酒もタバコも止めないで、普段の生活の中で治したのである。

私の友人や知人合わせて六人にも、私と同じ食事療法を行ってもらったところ、六ヵ月間で六人ともすべて完治した。現在は、彼らと月に一度集まり、話をしたりお酒を飲んだりして、実に楽しいひとときを過ごしている。そしてその時には、半年前は、何だったんだと笑いさえ出る。

肝炎は完治する。それには早期発見、早期治療が肝心である。肝炎で悩む読者のみなさんは、早く血液検査を行うことをお奨めする。人生は健康であると楽しく、おもしろい。健康だからこそ、豊かな人生が築ける。

●田舎暮らしがよい

私は、昭和三十七年から四十年まで東京で三年半暮らした。当時はまだ少しは東京にも緑が残っていたが、コンクリートのビルばかりで、車は多く、なんと空気の悪い所かと思った。

大都会でのマンション暮らしに何の魅力があるのであろうか。私には理解しがたい。一年中同じ状況で、何も変わらないではないか。何の変化もないが故に、ストレスは溜まり、いろいろな犯罪が増えて、殺傷事件が多く起こっている。心痛むニュースばかりである。

四季折々の変化が楽しめる田舎暮らしは、実によい。山や川、森を毎日見ていると、ストレスなど生まれない。私が今住んでいる所は、二千万円もあれば広い土地の家が持てて、物価は東京の五分の一くらいである。それで変化に富んだ生活を楽しめる。

子供の教育に関しても都会よりは断然よいと思う。自然に恵まれた中での教育は、楽しい夢と創造力を育んでくれる。たとえば、家庭菜園でキュウリを作るとする。苗を植え、育てるプロセスの中で、実になり花が咲く変化を子供たちに教えてもらいたい。プロセスや花の色の変化などを帳面につけさせるのもよいだろう。

実の小さい時はどうして回りがトゲで覆われているのか。それは、小さい実はヒヨドリのような外敵から守るために、トゲで覆われていることが、観察しているとわかってくる。これが真の教育ではないだろうか。

実が大きく長くなって収穫をしたら、キュウリとタコの三杯酢あえ料理で、子供と一緒になって食する。なんと夢のある自然教育ではないか。子供は現実を見て体験すると、いつまでも心に刻んで忘れない。これが子供への真の教育であると思うが、どうであろうか。

●百歳まで健康でいたい

都会の汚れた空気を吸い、塩素の入った水道水を飲んでばかりいたら、いつの間にか身体は冒されて早死にするもとである。過疎で悩む田舎に住めば、都会の半分くらいの収入で十分に楽しい生活ができると思う。

これが長生きの秘訣かもしれない。人間の健康にとって、おいしい水と新鮮な空気は基本である。それに食では、自分で野菜を作り、収穫まで楽しむことだ。朝一番にもぎ取って食す野菜のおいしさは最高である。

私が肝炎を完治させたのも田舎暮らしがよかったのは間違いないと思う。みなさんも田舎暮らしをしてみてはいかがですか。そして食事療法で肝炎を完治させましょう。私は治ると確信している。早く治して楽しい毎日を過ごし、仕事にお金儲けに頑張ろうではありませんか。

私の次の目標は、車イス生活から一日も早く脱却することだ。自分の脚で真っ直ぐに立って歩いてみたいと思う。その日は近いと確信している。

気力で立ち、歩いてみせる。負けてなるものか。人生はすばらしいと思う毎日である。百歳まで健康でいたい。みなさんの健闘をお祈りします。

著者の連絡先
〒511-0212　三重県員弁郡員弁町平古三六十番地の十九
紫村承生（しむら　しょうき）
電話　〇五九四―七四―五一七八

ＦＡＸ　〇五九四—七四—五四五四、三三六九
メールアドレス　shimura@kuwana.ne.jp
私は医者ではありませんが、私の体験にもとづいて無料で、お話いたします。

私の主治医
〒511-0217　三重県員弁郡員弁町大泉新田五十五の一
小笠原内科　院長・医学博士　小笠原哲也先生
電話　〇五九四—八四—二三三三
ＦＡＸ　〇五九四—八四—二二五五

著者プロフィール

紫村 承生（しむら　しょうき）

昭和37年三重県立員弁高等学校農業科卒。
同年日本大学農芸学部入学後半年で中退。
昭和40年10月20日紫村工業設立後2回の倒産、紫村商会と改名。
平成7年（有）三恵産業として現在に至る。

経営＆金儲け！

2002年 6 月15日　初版第 1 刷発行

著　者　紫村 承生
発行者　瓜谷 綱延
発行所　株式会社 文芸社
〒160-0022　東京都新宿区新宿1-10-1
電話　03-5369-3060（編集）
03-5369-2299（販売）
振替　00190-8-728265
印刷所　モリモト印刷株式会社

ISBN4-8355-3898-6 C0095